KB271689

비즈니스모델 전쟁

비즈니스모델 전쟁

초판 1쇄 발행 2011년 1월 11일

지은이 김영한, 김지훈
펴낸이 변선욱
펴낸곳 왕의서재
디자인 출판iN 02-6014-7810
마케팅 변창욱

출판등록 2008년 7월 25일 제313-2008-120호
주소 서울특별시 서대문구 합동 116 SK리첼블 1311호
전화 02-3142-8004
팩스 02-3142-8011
이메일 latentman@naver.com

필름출력 스크린그래픽센터
종이 (주)연합지류유통
인쇄·제본 삼조인쇄(주)

ISBN 978-89-93949-40-7   13320

Biz Model WAR

비즈니스모델 전쟁

김영한 · 김지훈 지음

차례

PART 1 비즈니스모델 전쟁이 시작됐다

우리만 몰랐던 비즈니스모델 전쟁

새로운 비즈니스모델이 필요한 이유

 **프롤로그**

잡스가 시작한 비즈니스모델 전쟁

요즘 사람들은 스티브 잡스가 만든 기기를 하나쯤 가지고 있다. 아이팟이든 아이폰이든 아이패드든 맥킨토시든 스마트 기기로 생활을 즐기고 비즈니스를 하고 있다. 그리고 사람들은 변화 촉진자로서 스티브 잡스를 입방아에 올린다. 나는 생각해 본다. 만약 스티브 잡스가 없었더라면 무엇이 변화하지 않았을까?

10년 전에 그가 애플 컴퓨터에 복귀하지 않았으면 애플은 망했을는지 모른다. 그는 복귀 후 '애플컴퓨터'라는 회사 이름을 '애플'로 바꾸고 MP3플레이어, 스마트폰, 스마트 TV 등을 만들어 세계 초우량기업으로 성장시켰다.

스티브 잡스의 애플은 이미 출시된 MP3플레이어를 디자인을 바꾸고 소프트웨어와 콘텐츠를 결합하여 새로운 콘셉트의 아이팟(iPod)을 만들었다. 음원을 판매하는 아이튠스 뮤직스토어(iTMS)를 만들어서 7년 새 100억 곡 이상을 판매했다.

다시 이미 나와 있는 스마트폰 시장에 도전장을 내밀었다. 휴대폰에서 키패드 대신 터치스크린으로 대체했다. 여기에 애플리케이션(App)을 올리고 고객이 앱을 개발할 수 있도록 기술을 공개했다.

고객이 개발한 앱을 거래할 수 있는 앱스토어(AppStore)를 만들어 단숨에 스마트폰의 리더로 올라섰다.

도전의 불꽃은 태블릿PC 시장으로 옮겨갔다.

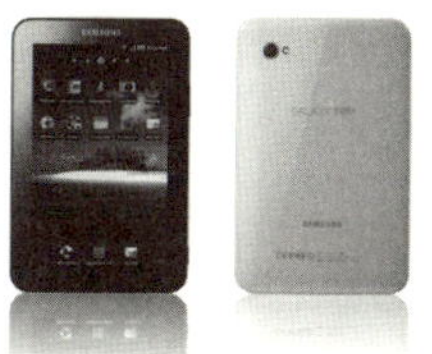

갤럭시탭

아이패드

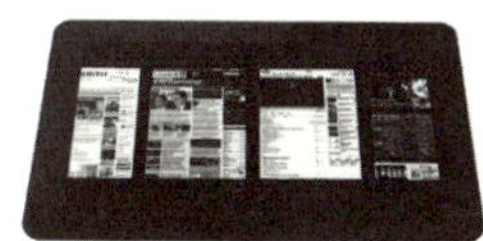

모토패드

프롤로그

아이폰(iPhone)처럼 터치스크린 화면에 앱(애플리케이션의 줄임말)을 깐 아이패드(iPad)를 만들었다. 아이폰과 같이 앱을 쓸 수 있고 앱스토어도 이용할 수 있도록 했다.

아이폰. 아이패드가 성공하자 다른 기업에서도 아이폰이나 아이패드의 디자인과 비슷하게 스마트폰을 만들고 태블릿을 만들었지만 그리 성공하지는 못했다. 아이폰이나 아이패드는 단순한 휴대폰이나 태블릿이 아니라 그 자체가 비즈니스모델(Business model)이기 때문이다.

비즈니스모델은 '사업 방식'으로 '어떤 제품이나 서비스를 고객에게 어떤 방식으로 제공하고 마케팅하여 어떻게 수익을 창출할 것인가 하는 사업 아이디어'이다.

그동안 대부분의 기업들은 하드웨어만 만들어서 판매하거나, 소프트웨어만 제공하는 방식의 비즈니스모델만 고집했다. 그러나 스티브 잡스는 고객에게 하드웨어, 소프트웨어, 콘텐츠, 통신을 결합해 제공하고 다양한 방법으로 매출을 올리며 수익을 창출하는 비즈니스모델을 만들었다.

특히 고객을 비즈니스모델에 끌어들임으로써 비즈니스모델의 혁명을 일으켰고 다른 기업들과 비즈니스모델 전쟁을 촉발시켰다.

잡스는 애플리케이션(App)을 고객이 개발할 수 있도록 개발용 키트(SDK)를 고객에게 공개했다.

그동안 통신 회사나 IT 기업들이 꽁꽁 '닫아놨던 정원(Closed garden)'을 '열린 정원(Open garden)'으로 바꾼 것이다. 앱스토어는 앱의 이용자였던 고객들이 앱 창조자로 변화할 수 있는 기회를 마련해 주었다. 다양한 사람들이 그 다양함을 밑천으로 재미있고 유익한 앱을 개발하고 이를 앱스토어에서 거래함으로써 스마트폰 애플리케이션은 세상을 바꾸는 힘으로 작용했다.

'슈퍼 갑(甲)'인 이동통신사와 제조사가 오랫동안 닫아놓았던 생산자와 소비자의 구조는 아이폰과 앱스토어의 등장으로 수평적 협력 관계로 바뀌게 되었다.

아이폰과 앱스토어의 인기가 치솟자 단말기 제조사들은 너나없이 아이폰 스타일의 스마트폰을 개발하였고 이동사, 포털, 단말기기 제조사들도 앱스토어를 개설하면서 산업의 구조 자체가 바뀌었다.

NEXT >

MP3플레이어인 아이팟, 스마트폰인 아이폰, 태블릿PC인 아이패드가 모두 앱(App)과 앱스토어를 공유한다. 앱과 앱스토어는 비즈니스모델을 바꾸는 '태풍의 눈' 역할을 하게 되었다. 만약 스티브 잡스가 없었더라면 MP3는 음악기기, 스마트폰은 e-메일이 되는 고급 휴대폰, 태블릿PC는 작은 노트북의 역할에만 충실했을 것이다. 결국 이들 기기는 따로따로 나름대로의 성장 축을 찾아서 움직였겠지만 지금처럼 신화로 불릴 정도로 성공하지는 못했을 것이다.

앱(App)이라는 개념은 소프트웨어 전문가들의 영역으로 남았을 것이고 앱스토어라는 것은 탄생하지도 않았을 것이다. 만약 앱(App)과 앱스토어가 없었다면 스마트폰이나 태블릿PC가 이렇게 많이 팔리지도 않았을 테고 고객들이 애플리케이션을 개발할 수 있다는 생각조차 못했을 것이다.

고객들이 손쉽게 애플리케이션을 개발할 수 있게 되면서 젊은이들은 PC 한 대만 있으면 앱(App)을 개발하여 앱스토어에서 판매하기 시작했고 곧 성황을 이뤘다.

전 세계 1억 명 가까운 고객들이 앱스토어에서 앱을 다운받기 때문에 앱스토어에는 순식간에 몇만, 몇십만 개의 앱이 판매되고 있다.

잡스는 거대한 스마트 시장을 열었고 새로운 비즈니스모델을 만들 수 있는 기회를 제공했다. 이 시장에는 대기업이 유리하지 않다. 새로운 비즈니스모델을 개발하는 일은 남다른 창의성과 새로운 기술을 이용할 수 있는 융통성 있는 사람에게 유리하다.

비즈니스모델 전쟁이 시작됐다

Biz
Model
War

우리만 몰랐던
비즈니스모델 전쟁

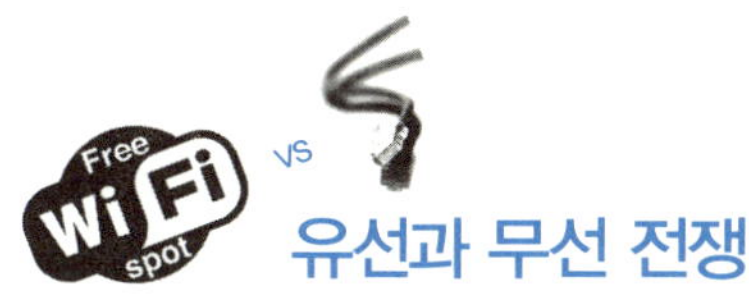

유선과 무선 전쟁

스마트폰 혁명은 최근 우리 사회에 많은 변화를 가져오고 있다. 특히 다양한 앱을 이용할 수 있게 되면서 생활이 급변하고 있다. 당뇨병 환자를 돌봐주는 앱부터, 회계사를 대신해서 세금 보고서를 작성해주는 앱, 금융 컨설턴트의 역할을 하는 앱, 오락이나 여행을 도와주는 앱까지 하루가 멀다 하고 쏟아지는 각종 앱이 사생활이나 사회활동을 대신해주고 있다. 예전 같으면 전문가에게 의지해야 했던 일들도, 이제 앱을 통해서 간단하게 해결할 수 있다. 앱만 있으면 모든 것을 해결할 수 있는 시대가 점점 가까워지는 것이다.

이러한 앱 혁명 시대에 기업들 역시 앱 경영에 본격적으로 뛰어들고 있다. 10년 전 인터넷 붐 당시 대박 신화를 지켜본 기업들은 새롭게 등장한 앱을 활용한 마케팅 전략과 비즈니스모델에 관심이 높다. 신문, 방송, 잡지들은 2010년이 스마트폰과 태블릿PC 같은 스마트 기기들의 경쟁으로 뜨거웠다면, 2011년은 산업 분야를 막론하고 회사의 운명을 '앱'이 좌우할 것이라는 의견을 앞다퉈 내놓고 있다.

2010년 세계에서 가장 권위 있는 IT 잡지 와이어드(Wired)에는 '웹은 죽었다(The web is dead)'는 도발적인 제목의 글이 올라왔다.

> 웹은 과거 철도, 전기, 전화 등 역사상 신기술이 그랬던 것처럼 폭발적인 성장기를 지나서 정체 또는 쇠퇴기로 간다. 이제 웹은 죽고 앱(App)이 뜬다.

와이어드는 2000년 이후 전체 인터넷트래픽에서 유선(Wired) 웹의 점유율이 계속해서 줄고 있다는 사실을 '웹 사망론'의 근거로 들고 있다.

90년대 큰 인기를 누렸던 PC통신 서비스는 웹의 등장으로 지금은 거의 명맥만 유지하고 있고, 90년대 한때 인기 서비스였던 뉴스그룹도 지금은 사용하는 사람이 거의 없다. 웹 서비스 역시 2000년을 기점으로 서서히 줄어들고 있다. 인터넷트래픽 조사기관인

CAIDA에 따르면 웹은 2000년에는 전체 인터넷트래픽의 50% 이상을 차지했다. 그러나 무선 인터넷의 사용이 늘고 스마트폰에서 앱(App)의 이용이 급증하면서 2010년에는 유선 웹(Web) 비율이 23%로 줄었다. 그리고 이러한 하락 추세는 현재진행형이다.

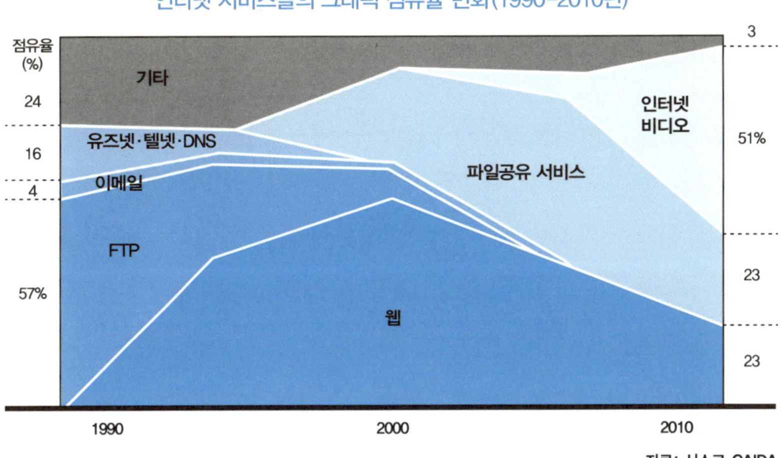

미국에서는 'www'를 치는 유선 인터넷인 웹(Web)이 줄고 무선 인터넷과 앱(App)의 이용이 크게 늘고 있는데 안타깝게도 우리나라는 이러한 변화를 모르고 있다.

우리나라 인터넷이 웹(Web) 중심이었던 원인은 무선 통신 시장의 과보호 정책과 윈도우(Window)사용 비중이 지나치게 높은 데에 있다. 국내 유저들이 윈도우 외에 다른 운영체제(OS)를 써본 적이 없기에 무선 인터넷에서도 윈도우를 쓸 수밖에 없었다.

앱은 모바일 인터넷을 사용하는 가장 편리한 방법이다. 웹이 PC에 최적화되어 있다면 앱은 모바일 기기에 최적화된 인터넷 사용법인 것이다. 이제 사람들은 웹브라우저의 주소창에 'www'를 시작하는 주소를 입력하는 웹(Web)보다는 버튼 하나로 필요한 서비스를 이용할 수 있는 앱(App)을 선호하고 있다. 특히 앱(App)은 모바일에서만 가능한 것이 아니라 태블릿PC와 스마트TV에서 가능하기 때문에 이용이 더욱 늘 전망이다. 스마트폰, 스마트PC(태블릿PC), 그리고 스마트TV가 기존의 기기와 다른 점은 앱이 된다는 것이다. 앱을 통해 스마트폰, 태블릿PC, 스마트TV는 서로의 서비스를 공유한다.

실리콘밸리의 전문가들은 "10년 전 인터넷 붐 당시 홈페이지와 포털 사이트로 대박 신화를 일궈낸 디지털 금광은 이제 앱 마켓으로 옮겨왔다."는 말을 하기도 했다. 2008년 7월 불과 500개의 앱으로 시작한 애플 앱스토어는 지금 25만 개로 성장했다. 앱 통계를 내는 리서치2가이던스는 최근 보고서에서 올 상반기 중 스마트폰을 통해 판매된 앱 매출액이 22억 달러라고 발표했다. 6개월 만에 작년 전체 매출액 17억 달러를 30% 이상 넘어선 것이다.

또 다른 관련 업체 앱마켓닷TV도 TV앱 시장이 오는 2013년에 15억 달러 규모로 성장하고, 2015년에는 다운받을 수 있는 TV앱 숫자가 10억 개로 확대될 것이라고 전망했다. 앱 시대가 오면서 고객이 애플리케이션을 개발하도록 한 애플과 페이스북의 미래는 밝은 반면 웹 형태의 포털 서비스 회사나 콘텐츠 회사들은 미래가 어두워지고 있다.

현재 스마트폰을 보면 과거 10년 전 대형 컴퓨터 수준에 휴대폰 기능이 탑재됐기 때문에 스마트폰이라고 불리지만, 실제는 스마트 PC이며 통화 기능은 30만 개에 달하는 애플리케이션의 하나일 뿐이다. 현재 스마트폰은 들고 다니는 PC이자 무선 인터넷과 결합해 우리 삶과 기업 환경을 완전히 뒤바꿀 잠재력을 지니고 있다.

1800년대 증기 기관차가 산업혁명을 일으키며 새로운 부가 창조됐고, 나아가 80년대 이후 PC와 인터넷의 결합으로 앨빈 토플러 등이 언급한 정보화 사회, 즉 제2의 산업혁명이 이어졌다. PC와 인터넷이 오늘날 개인의 삶과 기업의 활동에 떼려야 뗄 수 없는 요소이듯, 스마트폰과 앱의 결합은 스마트 사회를 이끌어갈 수 있다. 그러니 기업의 비즈니스모델을 완전히 뒤바꿀 잠재력을 지닌 만큼 결코 간과해서는 안 된다. 앱은 스마트폰에서 가동할 수 있는 최적화된 프로그램으로 다양한 산업 분야에 스마트폰을 접목하는 연결고리가 될 것이다.

브라우저(Browser) 전쟁

인터넷을 쓰려면 반드시 브라우저(Browser)라는 프로그램이 필요하다. 인터넷에서 정보를 제공하는 웹 서비스를 이용하기 위해 개발된 프로그램이라는 의미에서 웹 브라우저(Web Browser)라고도 한다.

브라우저는 하이퍼텍스트 문서 검색을 도와주고 웹 페이지 열기, 웹 페이지의 저장 및 인쇄 기능 등을 가지고 있다. PC의 운영체제(OS)를 개발하는 회사는 자사의 운영체제에 적합한 브라우저를 택하여 운영체제와 함께 공급한다.

마이크로소프트는 익스플로러(Explorer)를 쓰고, 애플은 사파리(Safari), 구글은 크롬(Chrome)을 쓰고 있다.

PC에서 유선 인터넷은 초고속 인터넷망을 이용하기 때문에 윈도우 브라우저인 익스플로러가 문제없이 널리 쓰였다. 그러나 PC보다 크기가 훨씬 작은 휴대폰에서는 PC가 가진 기능을 다 발휘하기 힘들고 무선 인터넷이 유선 인터넷의 속도를 따라가기가 힘들다. 설령 무선 인터넷의 속도가 향상된다고 해도 데이터 통신료가 유료이기 때문에 비용이 만만치 않다.

마이크로소프트와 경쟁하는 운영체제 개발 회사들은 무선 인터넷 환경에서 빠르게 작동되는 간결하면서 스마트 기기를 제어할 수 있는 새로운 운영체제와 브라우저를 개발했다.

애플의 사파리(Safari)와 구글의 크롬(Chrome)이 대표적이다. 이외에도 파이어폭스(Firefox), 오페라(Opera) 등이 개발돼 스마트폰 애플리케이션 개발에 쓰이고 있다.

우리나라는 지난 30여 년 동안 마이크로소프트의 윈도우만을 써 왔기 때문에 브라우저는 익스플로러밖에 모른다. 그런데 익스플로러는 20~30년 전, 유선 인터넷 환경에 최적화되어 있어서 무선 인터넷의 새로운 기술들을 수용하는 데 한계가 있다.

새롭게 선정된 웹 표준인 'HTML5'가 익스플로러에서는 지원되지 않았기 때문에 다양한 형태의 앱(App) 제작이 어려웠던 이유이기도 하다.

우리나라의 브라우저별 이용률을 보면 익스플로러가 94%로 세계에서 가장 익스플로러 의존도가 높은 나라이다. 일본이나 유럽은 익스플로러 이용률이 50% 정도이고 갈수록 그 비율이 낮아지고 있다. 하나의 익스플로러만으로 인터넷 세상을 보게 되면 효율은 높을지 모르나, 다양성과 창의성을 키우는 브라우저 전쟁에서는 패하는 길이다.

국가별 브라우저 이용률

	한국	미국	일본	러시아
익스플로러	94%	50%	57%	23%
Firefox	3%	27%	22%	33%
Chrome	3%	11%	9%	10%
Safari		10%	7%	2%
Opera			2%	31%

플랫폼 전쟁

시대의 변화에 가장 빠르게 반응해야 하는 곳이 기업이다. 때로는 기업이 시대 변화를 만들어가기도 하기 때문에 직원들의 변화 적응력이 경쟁력이라 할 수 있다. 지금 사회의 패러다임은 정보화 사회에서 스마트 사회로 바뀌어 가고, 새로운 창조 경제가 꽃피우는 단계다. 창조성은 경쟁력의 원천이다. IT · 전자뿐만 아니라 자동차, 패션, 음식 산업에 이르기까지 사실상 전 산업 분야에서 창조적인 기업이 승자가 되고 있다. 이러한 패러다임의 리더격인 애플은 그야말로 승승장구하고 있다.

하지만 반대로 점점 추락해가는 기업들도 많다. 대표적인 기업이 바로 노키아(Nokia)이다. 노키아는 핀란드의 노키아 강가에 있었던 작은 펄프 회사였으나 지금은 세계 최대의 휴대폰 회사이다. 1992년에 오르마 올리라가 CEO가 되면서 고무 타이어, 펄프, TV 등을 생산하던 노키아가 휴대폰 회사로 변신하기 시작했다. 올리라는 현재 이사회 의장이자 노키아의 정신적 지주이기도 하다. 그런 그가

노키아를 떠나겠다면서 외국인 CEO를 영입했다. 노키아 145년 역사상 처음으로 외국인 스티브 앨롭을 CEO로 영입했다.

노키아의 2010년 2분기 매출은 100억 유로(약 15조 원)로 2009년 같은 기간과 매출은 비슷하지만 순이익은

40%나 급감했다. 2007년 말의 28유로였던 주가가 4분의 1 수준으로 폭락했다.

이렇게 경영 실적이 부진한 이유는 스마트폰에서 매출이 부진하기 때문이다. 시장 조사 기관인 가트너 그룹은 2009년까지만 해도 40%가 넘었던 노키아의 스마트폰 점유율이 2014년에는 30%까지 추락할 것으로 예상했다. 노키아의 실패 원인은 다음 세 가지이다.

첫째. 1위 프리미엄에 안주했다. 노키아는 오랫동안 휴대폰 시장에 40% 정도의 점유율을 유지하고 있었기 때문에 리더로서 안주하려 했다. 물량에 치우쳐서 중국, 인도의 저가 시장을 적극 공략했으나 스마트폰의 플랫폼(Platform) 개발에 소홀했다. 플랫폼은 응용프로그램 소프트웨어를 실행하는 데 쓰는 하드웨어와 소프트웨어의 결합을 말한다.

둘째. 소프트웨어 업체로서 변신에 실패했다. 스마트폰 운영체제(OS)와 각종 응용 소프트웨어의 개발과 개발 지원 체제를 갖추지 못했다.

셋째. 스마트폰 시장에서 응용 소프트웨어가 부족했다. 하드웨어 중심의 스마트폰을 만들었고 고객 지향적인 운영체제(OS)를 갖지 못했다. 결정적인 실패 원인은 애플리케이션 부족으로 고객들이 노키아 스마트폰을 외면한 것이다. 결국 노키아는 휴대폰 하드웨어에서는 세계 최고 수준의 기술을 가지고 있었지만 소프트웨어와 애플리케이션에서는 새로 시작한 애플(Apple)에 크게 뒤지고 있다.

그런데 추락하는 노키아에도 한때 '스마트폰'이라는 날개를 달 뻔했었다. 하지만 노키아는 이 날개를 제대로 보지 못했다. 대형 터치스크린, 인터넷 기반 등 스마트폰의 원형이 될 만할 초기 모델을 노키아는 2004년에 이미 내부적으로 검토했던 것이다. 애플이 아이폰을 내놓은 2007년보다 3년이나 빠른 시점이었다.

노키아 연구팀은 이 같은 형태의 휴대전화가 급성장하는 스마트폰 시장에서 돌파구가 될 수 있을 것이라고 기대했다. 터치스크린이라는 개념 자체가 생소하던 시절이었음을 감안하면 이 제안은 상당히 도전적이었다.

그러나 노키아 경영진은 모험을 감수하길 거부했다. 노키아는 2002년에 이미 3D 인터페이스를 검토했지만 역시 상품화하지 않았다가 뒤늦게야 내놓았던 전력도 있었다. NYT(뉴욕타임즈)는 전직 노키아 직원의 말을 인용해 비대해진 노키아가 자기만족에 빠져 변화를 거부하면서 소비자들에게 외면을 받게 됐다고 지적했다. 뿐만 아니라 노키아가 옛 소련 스타일의 관료주의에 빠졌다는 혹독한 비판도 나왔다.

노키아 경영진의 오판은 후발주자인 애플과 블랙베리 제조업체 리서치인모션(RIM), 삼성전자, LG전자 등이 부상할 기회를 열어줬다.

노키아와 모토로라가 부진할 때 LG전자는 피처폰(Feature Phone)에서 약진을 했다. 2009년에 휴대폰 업계에서 3위까지 올라서기도 했다. 그러나 2010년이 되면서 상황이 급변하여 휴대폰 사업에서 성장하지 못했다.

급기야 2010년 9월 남용 부회장은 "그동안 나의 노력은 절반의 성공과 절반의 실패였다."라는 말을 남기고 자진 사퇴했다. LG전자 개혁의 선봉장으로 구조조정을 하고 원가 절감을 위해 여러 노력을 했지만 스마트폰에서 최악의 실적을 내면서 자진사퇴를 결심했던 것이다.

애플과 삼성전자가 스마트폰 시장에서 고속 성장하고 있는 시점에 LG전자는 이렇다 할 제품도 없고 8,000억 원의 적자를 기록했다. LG전자의 2010년 2분기 실적은 2009년의 동기대비 90%나 줄어든 1,262억 원의 이익에 그쳤다. 남용 부회장 대신에 LG 오너인 구본준 부회장이 CEO 역할을 하면서 스마트폰 재건에 나서고 있다.

한 때 잘 나가던 모토로라, 노키아, LG전자가 잇달아서 부진하게 된 원인은 기술의 부족에서 온 것이 아니라 플랫폼(Platform)전쟁에서 실패한 것이다.

플랫폼(Platform)은 기차역과 같이 기차가 오가고 사람이 타고 내리는 기반 시스템이다. IT에서 플랫폼은 컴퓨터 시스템의 기반이 되는 하드웨어, 소프트웨어, 응용프로그램이 실행될 수 있는 기초를 이루는 기반 시스템을 말한다.

앱스토어 전쟁

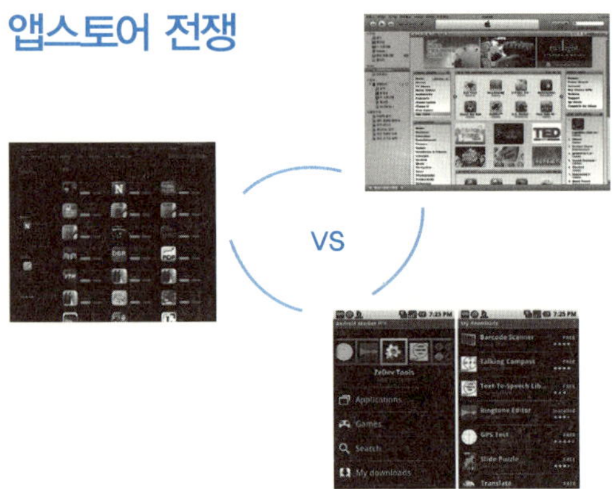

애플이 2006년에 아이폰(iPhone)을 처음 내놓았을 때 전문가들의 반응은 신통치 않았다. 오랫동안 익숙해진 키패드가 없는 휴대폰에 고객들이 불편해 할 거라는 둥 당시 공짜 휴대폰이 판치는 시점에서 가격이 무려 600달러에 달하는 휴대폰을 누가 살 것이냐는 둥의 반응이었다. 디자인은 예쁘지만 애플 마니아들이나 사는 '찻잔 속의 태풍'일 것이라고 전망했다.

실제로 2007년 초까지만 해도 판매가 그리 많지는 않았다. 스티브 잡스는 아이폰 3GS를 새롭게 만들면서 기기의 성능을 향상시켰고 앱스토어(AppStore)를 준비했다. 아이폰이 컴퓨터 기능을 가지고 있기 때문에 애플리케이션 소프트웨어를 집어넣으면 유용한 기기로 변화할 것이라고 생각한 것이다.

기존 애플리케이션과의 차이점은 애플이 애플리케이션을 직접 개발하는 것이 아니라 고객이 애플리케이션을 개발할 수 있도록 하

MORE ↗

자는 아이디어였다.

고객(개인)들이 애플리케이션을 개발할 수 있도록 개발용 툴인 SDK(Software Development Kit)를 만들고 개발자를 지원할 수 있는 환경을 조성했다.

이를 위해 퍼킨스 펀드매니저인 매트 머피(Matt Murphy)와 함께 1억 달러의 'I Fund'를 조성해 애플리케이션 개발자들에게 적극적으로 자금 지원을 했다.

그리고 개발자들이 애플리케이션(App)을 개발하면 애플 고객에게 판매할 수 있도록 앱 거래소인 앱스토어(App Store)를 만들었다.

개발용 도구를 제공하고 개발할 수 있는 자금 지원, 개발된 앱을 거래할 수 있는 판매소까지 만들자 개발자들이 적극 참여했고 이들이 개발한 앱은 날개 돋친 듯 판매됐다. 잡스는 앱스토어가 개설되면 1년에 5억 회 정도의 다운로드가 있을 것으로 예상했으나 1년 만에 무려 20억 회의 다운로드가 일어나는 기염을 토했다.

아이폰에는 재미있고 유익한 앱이 넘쳤고 사람들은 이 앱을 이용하기 위해 아이폰을 샀다. 이후에 아이폰 3GS는 폭발적으로 판매되기 시작했고 앱스토어는 스마트폰에서 떼려야 뗄 수 없는 비즈니스모델이 됐다.

구글(Google)은 독자적인 이동통신시장 진출을 포기하고 대연합 전선을 구축하기로 전략을 바꾸었다. 안드로이드(Android)를 스마트

폰 제조업자에게 무상으로 제공하여 연합체를 구성했다. 삼성전자, 모토로라를 위시한 휴대폰 제조회사와 보다폰, 스프린트 등 이동통신사, 소프트웨어 업체, 반도체 등 50개 업체가 안드로이드 진영에 합류했다. 구글은 안드로이드 마켓(Android market)이라는 앱스토어를 만들어서 애플 앱스토어의 경쟁자로 부상했다.

단말기 업체들은 독자적인 앱스토어를 만들기 시작하여 노키아는 '오버스토어', 삼성전자는 '삼성앱스'를 만들었다. 이동통신사들도 앱스토어를 만들었는데 SK텔레콤이 'T스토어', KT가 '쇼앱스토어'를 개설했다. 포털 회사들도 앱스토어 열풍에 동참했다. NHN과 SK커뮤니케이션이 애플리케이션을 자유롭게 사고팔 수 있는 앱스토어를 만들었다.

시장조사 전문 기관인 양키그룹에서는 2011년에 앱스토어에서 유통되는 콘텐츠 가치가 무려 40억 달러가 넘을 것으로 전망했다.

앱스토어의 가치는 여기에서 유통되는 앱(App)의 가치로만 따질 수 없다. 이 앱의 가치가 스마트폰 판매에 직결이 되고 또 앱을 이용한 부대 상품의 가치를 측정해보면 콘텐츠 가치의 100배 정도는 될 것이다.

국내외 앱스토어 현황

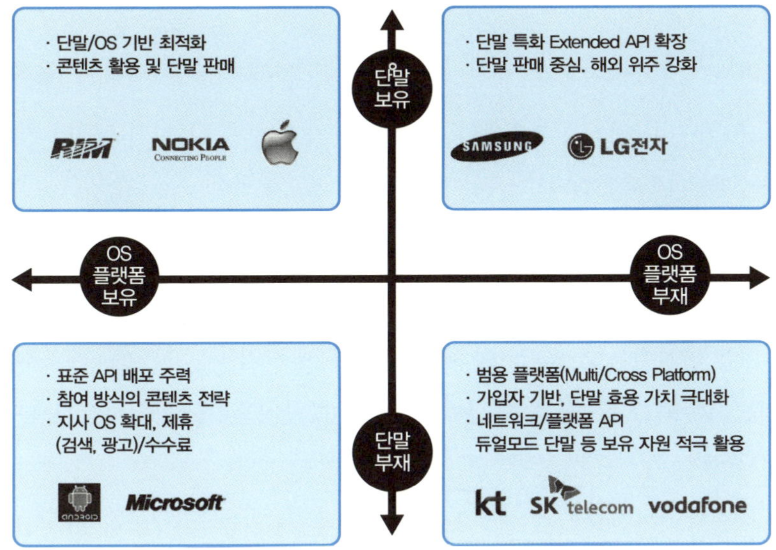

· 단말/OS 기반 최적화
· 콘텐츠 활용 및 단말 판매
· 단말 특화 Extended API 확장
· 단말 판매 중심. 해외 위주 강화
단말
보유
OS
플랫폼
보유
OS
플랫폼
부재
단말
부재
· 표준 API 배포 주력
· 참여 방식의 콘텐츠 전략
· 지사 OS 확대, 제휴
 (검색, 광고)/수수료
· 범용 플랫폼(Multi/Cross Platform)
· 가입자 기반, 단말 효용 가치 극대화
· 네트워크/플랫폼 API
 듀얼모드 단말 등 보유 자원 적극 활용

애플과 구글의 비즈니스모델 전쟁

스마트폰 출현 이후로 가장 성장한 기업이 애플이다. 애플의 매출과 이익이 마이크로소프트나 IBM을 능가하고 주식 시가총액이 세계 2위로 발돋움했다.

10년 전 애플은 컴퓨터 회사였지만 지금은 더 이상 컴퓨터 회사가 아니다. 애플의 비즈니스모델은 다양하기 그지없다.

하드웨어적으로 보면 컴퓨터, MP3플레이어, 스마트폰, 태블릿 PC, 스마트TV를 모두 생산하여 가전 회사이자 통신 회사이자 IT 회사이다.

소프트웨어적으로 보면 PC용, 스마트폰용 운영체제(OS)를 가지고 있으며 다양한 유틸리티를 보유하고 있다. 콘텐츠로 보면 음원, 영화, 서적, 애플리케이션의 엄청난 콘텐츠를 가진 콘텐츠 회사이기도 하다.

수익은 하드웨어, 소프트웨어, 콘텐츠, 앱스토어, 광고 등에서 나온다. 애플의 비즈니스모델의 변화만큼 다양한 변화를 가지고 온 회사는 구글(Google)이다.

불과 5~6년 전만 해도 유선 인터넷의 검색 엔진 회사였던 구글이 무선 인터넷 시장이 뛰어들어서 다양한 비즈니스를 펼치고 있다. 스마트폰 시장이 성장할 것으로 보고 스마트폰용 운영체제(OS)인 '안드로이드(Android)'를 개발하여 개방 정책을 펼쳤다.

MORE ↗

전 세계의 스마트폰 제조자, 통신사들과 연계하여 앱스토어인 '안드로이드 마켓'을 만들었다. 자체 브랜드의 스마트폰을 만들어서 발표했고 2010년 5월에는 구글TV를 발표하기도 했다. 모바일 광고 시장에 진입하기 위해 모바일 광고 회사인 애드몹(Admob)도 인수했다. 웹용 운용체제(OS)인 크롬(Chrome)을 개발해 공개함으로써 웹 시장에서 마이크로소프트의 경쟁자로 부상하고 있다.

크롬이 활성화할 것에 대비해 크롬 웹스토어를 만들어서 콘텐츠 오픈 마켓에 진출한다.

애플은 컴퓨터 회사에서 출발했지만 유·무선 인터넷시장에서 하드웨어, 소프트웨어, 콘텐츠를 제공하는 비즈니스모델을 갖추었다. 이에 맞서 구글은 검색 회사에서 출발했지만 유선·무선 인터넷 시장에서 하드웨어, 소프트웨어, 콘텐츠를 제공하는 비즈니스모델을 갖추었다.

세계 초우량기업인 애플과 구글이 비즈니스모델 전쟁을 벌이고 있는 것이다.

IT 블랙홀 '구글 VS 애플' 전면전

*는 먼저 시장 출시

애플	구분	구글
하드웨어 판매&앱스토어 수익	비즈니스모델	검색 광고(온라인→모바일→TV)
아이TV(iTV) 준비 중	TV	*구글TV 발표(2010년 5월)
*디자인&제조(OEM) 아이폰 3GS, 아이폰 4G(6월 초)	모바일	구글폰 (HTC, 삼성, LG 등이 제조)
*아이폰 OS(모바일→아이패드)	핵심 운영체제(OS)	안드로이드(모바일→TV)
*사파리(웹→모바일)	웹브라우저	크롬(웹→TV)
콰트로 인수, 아이애드 공개	모바일 광고	*애드몹 인수
*앱스토어 출시(2007년 7월)	애플리케이션 장터	안드로이드 마켓
*아이튠스 스토어	콘텐츠 유통	크롬 웹스토어

MORE ↗

무료 앱과 유료 앱 전쟁

 VS 

2007년에 애플(Apple)은 고객들이 손쉽게 애플리케이션(Application) 소프트웨어를 개발할 수 있도록 '소프트웨어개발툴(SDK, Software Development Kit)'을 고객에게 제공했다.

누구나 이 SDK를 PC에 다운받아서 손쉽게 앱(App)을 개발할 수 있게 됐다. 또한 애플은 고객이 개발한 앱을 팔고 살 수 있는 앱스토어(Appstore)를 개설했다. 고객들이 앱을 개발해 앱스토어에 올려놓으면 전 세계 아이폰, 아이팟 고객들이 다운받을 수 있다. 고객들은 쉽고 재미있는 앱에 열광했고, 이 앱을 다운받기 위해 앱스토어를 즐겨찾게 되었다.

2010년 말 애플 앱스토어에는 30만 개의 앱이 올라와 있고, 안드로이드 마켓에는 10만 개, 기타 10만 개로 약 50만 개의 앱이 앱스토어에 있다. 애플 앱스토어의 30만 개 앱 중에서 무료가 25%이고 유료는 75%이다. 개수로는 25%가 무료이지만 고객들이 다운받는 앱의 구성비로 보면 80%가 무료이다. 유료앱이라고 하더라도

0.99달러나 1.99달러가 80% 정도로 가격이 저렴한 편이다.

얼핏 보면 앱을 개발하여 앱스토어에 올려도 수익이 나기가 힘든 구조로 보인다. 그래서인지 40~50년대 리더들의 눈으로 보면 앱을 개발해서 수익을 만든다는 것은 불가능해 보일 수 있다. 그러나 앱스토어에는 여러 비즈니스모델이 숨어있다.

앱스토어에서 수익을 올리는 방법은 크게 세 가지다. 유료 앱 혹은 부분 유료 앱, 무료 앱이지만 광고로 수익을 올리는 방법 들이다.

부분 유료 앱이란 앱은 무료이지만 앱을 재미있게 하는 아이템을 유료로 판매하는 방식으로 페이스북의 인기 게임인 '팜빌(Farmville)'은 아이템을 구매해야 게임이 한층 흥미진진해진다.

무료 앱 광고 방식은 재미있는 무료 앱을 많이 다운받게 한 다음에 앱에 광고를 유치하는 방식으로 안정적인 수입을 올릴 수도 있다.

무료 앱과 유료 앱을 적절히 믹스하여 대 성공한 앱이 앵그리버드(Angry Bird)이다. 핀란드의 공대생 3명이 개발한 앵그리버드는 하루에 1억 원 가까이 수익을 올리고 있다.

돼지에게 알을 빼앗긴 새들이 화가 나서 돼지들을 공격한다는 스토리의 단순한 앱이다. 이 앱을 처음 본 사람들은 "어 이거 10년 전에 유행했던 테트리스 아니야"라고 할 정도로 쉽고 단순하다. 그러나 테트리스가

키보드로 블록을 깨는 것이라면 이 앱은 터치스크린에서 터치 방식으로 새총을 조준하여 고무줄로 손가락을 당겼다 놓는 방식이다.

이 앱은 2009년 12월에 애플 앱스토어 선보였는데, 무료 버전과 0.99달러짜리 유료 버전 두 개였다. 2010년에는 1,200만 건이 다운돼 애플 앱스토어서 '2010년의 앱'으로 선정되었고 60개국에서 누적 다운로드 3,000만 건을 넘겨서 유료 앱으로 성공했다.

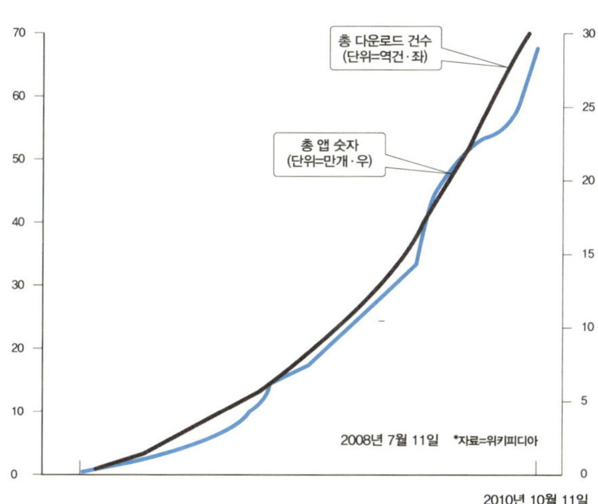

애플 애플리케이션 숫자와 다운로드 건수

애플 앱스토어에서 성공을 거두자 즉각 안드로이드용을 개발했다. 안드로이드 마켓에서는 유료 앱이 잘 안 될 것으로 보고 앱은 무료로 하고 광고 수익을 올리는 방식을 택했다.

안드로이드 고객들은 무료로 앵그리버드를 다운받아서 즐겼고 로비오 모바일(앵그리버드 개발사)은 여기에 앱 광고를 올렸다.

앵그리버드의 앱 광고 수입은 월 100만 달러(2010년 말)가 넘어섰다. 애플 앱스토어에서는 유료로, 안드로이드 마켓에서는 무료 광고로 수입을 올려서 1년 만에 2,000만 달러 이상의 매출을 올린 것이다.

이들의 수입은 여기에서 그치지 않았다. 부대사업으로 영역을 넓히고 있다. 2011년에 월트디즈니는 앵그리버드를 애니메이션 영화로 선보일 계획도 가지고 있다. 비디오 게임 회사와 제휴해서 게임 전용기에서도 앵그리버드를 즐길 수 있게 한 것이다. 소니의 플레이스테이션(PSP), 닌텐도 위(Wii), 그리고 마이크로 소프트의 엑스박스360 버전이 출시된다. 또한 앵그리버드에 나오는 각종 캐릭터를 인형, 소품들을 만들어 판매하기도 한다. 후속작으로 돼지의 시각에서 게임을 즐기는 '앵그리버드2'를 선보인다.

종이책과 앱북 전쟁

vs
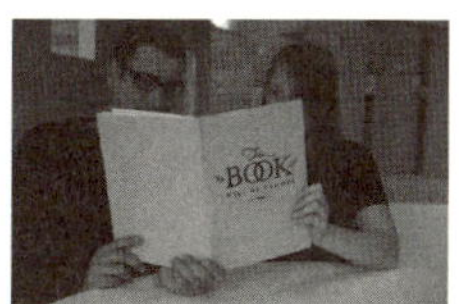

책이 언제부터 만들어졌는지의 기록은 없으나 아마 수천 년은 넘었을 것이다. 처음에는 거북이 등뼈, 대나무, 점토 등에 문자와 그림을 그려서 책을 만들었다고 한다. 그러다 책이 오늘날의 형태를 띠게 된 것은 종이를 생산하고 인쇄 기술이 발달하면서부터이다. 우리가 현재 접하는 종이책의 역사는 150년 정도 되었으며 종이책이 만들어지면서 대량 생산이 가능하여 대중적으로 보급되기 시작했다.

2000년대 들어 책의 진화는 빨라지고 있다. PC와 인터넷이 발달하면서 인터넷 책인 e-북이 탄생했다. e-북의 출현으로 기존의 종이책 출판업체들은 큰 충격에 빠졌다. 디지털에 익숙한 사람들은 종이책 대신에 e-북을 선택하기 시작했다.

이러한 변화를 재빨리 감지한 곳이 아마존이다. 아마존은 종이책을 인터넷으로 유통시키면서 e-북을 팔아보니 수요가 점진적으로 늘고 있음을 알 수 있었다. 2007년에 아마존은 킨들(Kindle)이라고 하는 e-북 단말기를 만들어 판매했다. 책과 크기만 비슷하지 종이책을 넘기는 느낌이 없고 399달러라는 높은 가격이어서 아무도 사지 않을 것이라는 비판이 없진 않았다. 그러나 2010년 5월까지

300만 대를 판매하여 미국 도서 시장에 3~5%를 차지할 정도로 성공했다. 종이책에서 전자책으로 진화한다는 방증이다.

아마존의 성공에 자극을 받은 미국 대형 서점인 반즈앤노블은 2010년 10월에 '누크(Nook)컬러'라는 새로운 형태의 전자책을 선보였다.

킨들이 흑백이라면 누크 컬러는 천연색이고 책 콘텐츠에 동영상 지원이 되고 잡지를 컬러로 볼 수 있다. 누크 컬러는 1024 X 600 해상도를 지원하는 안드로이드 기반의 태블릿PC다. 전자책 단말기를 지향하고 있지만 인터넷 검색, 멀티미디어 재생 기능을 갖추고 있어서 애플의 아이패드나 삼성전자의 갤럭시탭과 같은 태블릿PC와 큰 차이가 없다. e-북 단말기와 태블릿PC와의 경계가 사라지고 있는 것이다.

실제로 애플의 아이패드에는 아이북(ibook)을 갤럭시탭에는 e-북 기능을 탑재하고 있어서 e-북 단말기와 구분이 없다. e-북 단말기는 책의 형태만으로 볼 때 다시 한 번 종이책의 콘텐츠를 e펍(ePub) 형태로 PC나 단말기에서 볼 수 있도록 미디어만 변화시킨 것이다.

그러나 프로그래밍이 가능한 스마트폰이나 태블릿PC에서는 앱(App)형태로 책을 만들 수 있다. e-북이 아닌 앱북(App Book)이 가능해지면 책의 제작 방법이 바뀌고 유통 방식도 바뀔 수 있다. e-북은 출판업체나 유통 업체들이 e-북으로 전환하여 만들어지고 북스토어에서 유통되어 저자가 들어갈 자리가 없었다. 그러나 앱북은 저자가 직접 앱을 만들어서 앱스토어에 독자와 직접 거래할 수 있다. 책의 형태와 제작 방법, 유통 방식에서 극적인 변화가 일어날 수 있는 것이다.

특히 책의 형태에서 혁명적인 변화가 있다. 종이책이나 e-북은 독자가 책의 내용을 보는 기능만 있다. 그러나 앱북에서는 책의 내용을 음성으로 전환할 수 있고 움직이는 그래픽이나 영상을 삽입할 수 있어서 읽고 말하는 책을 만들 수 있다. 즉 프로그래밍하기에 따라서 책의 내용을 보고 메모를 하거나 자신의 생각을 입력할 수가 있기 때문에 '독자가 반응하는 책'을 만들 수 있는 것이다. 종이책이 지식과 정보의 전달 매체였다면, 앱북은 독자의 생각을 입력하여 책의 내용을 재창조할 수 있는 매체로 변화할 수 있다.

150년 전에 만들어진 종이책은 단순히 읽는 기능만을 제공하여 독자를 콘텐츠 소비자로 보았다. 이에 비해 앱북은 읽고, 말하고, 쓰는 기능을 제공하여 독자를 콘텐츠 창조자로 만들 수 있다. 한 걸음 더 나아가서 앱북에 소셜 네트워크 기능을 추가하면 책의 내용을 가지고 다른 사람과 토론하고 책 친구를 만들 수 있다. 책을 읽고, 쓰고, 토론할 수 있게 된다. 책을 읽으면 많은 지식과 정보를 얻게 되면서 많은 생각을 하게 된다. 나의 생각을 다른 사람과 이야기하고 싶거나 다른 사람의 생각은 어떠한지가 궁금할 때 책 속에서 친구를 만나는 것이다.

아이패드의 등장으로 콘텐츠가 텍스트 중심에서 동영상으로의 동작 인식도 가능하게 됐다.

영상도 3D 화면 처리가 되고 증강현실(AR)기술의 접목이 가능한 책이 나오고 있다. 책이 영화보다 재미있고 인터넷보다 더 많은 정보를 제공하므로써 책의 인구를 늘려나갈 수 있다.

이제는 책의 본질이 무엇인가를 다시 생각할 때이다. '책은 읽는 것인가? 또는 책은 지식과 정보를 공유하는 매체인가?' 등 그동안은 책이 종이책이었기 때문에 독자가 읽을 수밖에 없었다면 지금은 새로운 기술과 미디어를 결합한 앱북의 등장으로 책의 의미를 다시 해석해야 한다.

새로운 비즈니스모델이 필요한 이유

이미 스마트 소사이어티가 왔다

1970년대 앨빈 토플러(Alvin Toffler)는 『제3의 물결(The 3rd wake)』에서 인류의 사회적 구분을 3가지로 정의했다. 산업혁명 이후의 산업 사회 그리고 컴퓨터의 보급이 늘면서 정보화 사회가 올 것이라고 예측했다. 그의 예측대로 1980년대부터 정보화 사회가 왔다.

이후 미래학자들은 다음에는 어떤 사회가 올 것인가를 예견해왔다. 덴마크의 미래학자 롤프 옌센은 『드림소사이어티』라는 저서에서 감성과 스토리의 드림 소사이어티(Dream Society)가 올 것이라고 주장했다. 하지만 그의 주장이 어느 정도 공감은 형성했지만 정보화 사회처럼 구체화된 현상으로 나타나지 않았고 개념 또한 모호했다. 사람들은 정보화 사회의 다음 사회는 없는가를 다시 생각하게 됐다.

이후 스마트폰이 급속히 확산되고 소셜 네트워크가 생활 속에 파고들면서 기존의 패러다임이 점차 변화기 시작했다. 정보화 사회를 이끌어 오던 IT시스템, 인터넷에서도 변화가 일어났다. 기관이나 기업이 주도해오던 정보화 사회가 아니라 모든 사람들이 참여하고 네트워크화되면서 새로운 사회가 만들어지고 있다. 휴대폰이 스마트폰으로, PC가 스마트PC로, TV가 스마트TV로 대체되면서 이제 사람들은 24시간 스마트 기기들을 활용하면서 생활하고 있다. 바야흐로 스마트 사회(Smart society)가 도래한 것이다.

스마트 사회는 정보 사회와는 여러 차원에서 큰 차이점을 보여준다.

무엇보다 사람들이 정보 소비자가 아니라 정보 창조자의 역할을 한다. 폐쇄형에서 개방형으로 바뀌고 한정된 공간이 아니라 개방된 공간에서 네트워크화하기를 원한다.

일하는 방식도 변화했다. 모든 사람이 반드시 직장으로 출근해서 일하는 것이 아니라, 집이나 제3의 공간에서 자유롭게 일하는 스마트 워크(Smart work)로 바뀌고 있다. 기술적으로 아날로그와 디지털의 결합이 자유롭게 일어나고 디지털에서도 유선과 무선이 믹스되어 새로운 상품과 서비스를 만들어 낼 수 있다.

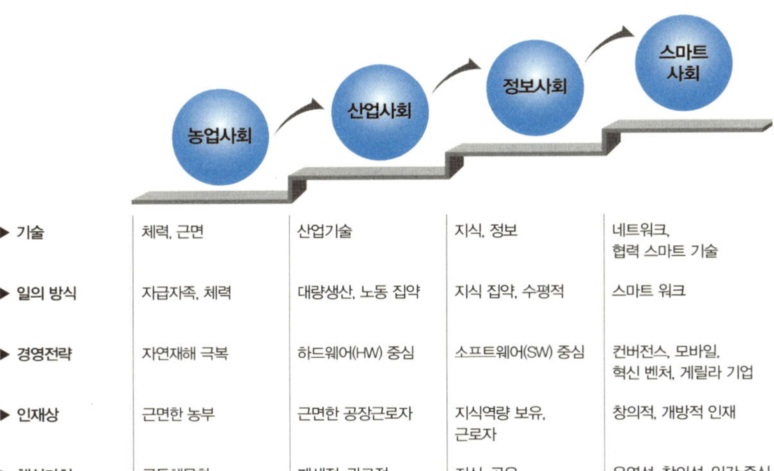

	농업사회	산업사회	정보사회	스마트 사회
▶ 기술	체력, 근면	산업기술	지식, 정보	네트워크, 협력 스마트 기술
▶ 일의 방식	자급자족, 체력	대량생산, 노동 집약	지식 집약, 수평적	스마트 워크
▶ 경영전략	자연재해 극복	하드웨어(HW) 중심	소프트웨어(SW) 중심	컨버전스, 모바일, 혁신 벤처, 게릴라 기업
▶ 인재상	근면한 농부	근면한 공장근로자	지식역량 보유, 근로자	창의적, 개방적 인재
▶ 핵심가치	공동체문화	폐쇄적, 관료적	지식, 공유	유연성, 창의성, 인간 중심

기업들도 자신이 모든 것을 만들어 내고 공급하는 것이 아니라 플랫폼(Platform)을 개방하여 외부와 결합하고 협력하는 모델로 바꾸고 있다. 경영 방식은 주주 중심의 단기 이익을 위한 경영전략에서 고객 중심의 장기 이익으로 변하고 있다.

기업들에서 원하는 인재 또한 성실하고 근면한 인재에서 창의적이고 개방적인 인재로 바뀌고 있다. 스마트 사회에서는 인간 중심의 철학을 가지고 변화에 유연하게 적응하며 창의적인 아이디어가 성장 동력이 되고 있다.

스마트 사회에 진입한 나라는?

그렇다면 스마트 사회의 기준은 무엇일까? 첫 번째는 국민소득이 높은 국가이다. 롤프 옌센은 드림 소사이어티의 후보 국가를 국민소득 1만1,000달러의 국가로 잡았다. 1만1,000달러가 세계은행에서 정한 고소득국가의 기준이기 때문이다. 이 기준에 따르면 세계에는 25개의 고소득 국가가 있고 총인구는 8억 명 정도이다. 나는 스마트 사회는 세계은행에서 정한 소득수준보다는 좀 더 높아야 한다고 생각한다. 세계에서 1인당 국민소득(GNP)이 1만5,000달러(2009년 기준)가 넘은 나라는 40개국 정도가 된다.

2009 세계 각국의 1인당 국민 소득

순위	국가명	GNP($)
1	룩셈부르크(룩셈부르크)	104,673
2	노르웨이(오슬로)	83,922
3	카타르(도하)	72,849
4	아이슬란드(레이캬비크)	63,830
5	아일랜드(더블린)	59,924
6	스위스(베른)	58,084
7	덴마크(코펜하겐)	57,261
8	스웨덴(스톡홀롬)	49,655
9	핀란드(헬싱키)	46,602

MORE ↗

10	네덜란드(암스테르담)	46,261
11	미국(워싱턴)	45,845
12	영국(런던)	45,575
13	오스트리아	45,181
14	캐나다	43,485
15	오스트레일리아	43,312
16	아랍에미리트	42,934
17	벨기에	42,557
18	프랑스	41,511
19	독일	40,415
20	이탈리아	35,872
21	싱가포르	35,163
22	일본	34,312
23	쿠웨이트	33,634
24	브루나이	32,167
25	스페인	32,067
26	뉴질랜드	30,256
–	홍콩	29,650
27	그리스	28,273
28	키프로스	27,327
29	바레인	24,731
30	슬로베니아	22,933
31	이스라엘	22,475

32	포르투갈	22,019
33	바하마	19,781
34	대한민국	19,751
35	몰타	18,088
36	체코	17,070
37	중화민국(타이완)	16,606
38	트리니다드 토바고	15,905
39	에스토니아	15,851
40	오만	15,584

물론 소득만 높다고 해서 스마트 사회라고 보기는 힘들다. 스마트 사회는 정보 사회 다음 단계이기에 인터넷 보급률이 50% 이상은 되는 국가이어야 한다.

스트래티지 애널리틱스(Strategy Analytics)의 조사에 따르면 인터넷 보급률이 60% 이상인 나라는 다음과 같다. 인터넷 보급률이 높은 국가가 대부분 국민 소득도 높은 나라이기 때문에 스마트 사회의 후보 국가는 30여 개 국가로 압축해볼 수 있다.

세계 각국의 인터넷 보급률 (2009년)

순위	국가명	보급률(%)	순위	국가명	보급률(%)
1	한국	95	11	호주	72
2	싱가포르	88	12	핀란드	69
3	네덜란드	85	13	프랑스	68
4	덴마크	82	14	영국	67
5	대만	81	15	아랍애미리트	65
6	홍콩	81	16	일본	64
7	이스라엘	77	17	스웨덴	63
8	스위스	76	18	에스토니아	62
9	캐나다	76	19	벨기에	62
10	노르웨이	75	20	미국	60

자료: Strategy Analytics

스마트 사회의 세 번째 기준은 얼마나 창의적 집단을 많이 가졌느냐이다. 카네기 멜론 대학의 리차드 플로리다 교수는 2002년에 『창의적 집단(Creative Class)』에서 창의적 집단을 '자율성과 융통성이 있으며 그것을 창조하는 일을 통해 돈을 버는 계층으로 과학, 공학, 건축, 디자인, 교육, 비즈니스, 금융, 법률, 의료, 미술, 문학, 음악, 엔터테인먼트에 종사하는 사람들' 이라고 정의하고 있다. 그리고 미국의 직장인 중 30% 정도인 3,800만 명이 이 창의적 계층에 속한다고 덧붙였다.

이후 그는 2007년 『창의적 계층의 비상(The Flight of Creative Class)』

을 쓰면서 창의적 세대(Creative Age)가 국가 경쟁력의 핵심이고 세계는 창의적 집단 간의 창의 전쟁(Creative Class War)을 치르게 될 것이라고 했다. 나는 바로 창의적 집단이야말로 스마트 사회에 꼭 필요한 계층이라고 판단했다. 그래서 창의적 집단이 많은 국가일수록 스마트 사회에 진입 가능성이 높다고 생각한다.

종합해보면 스마트 사회에 진입한 국가는 국민소득 1만5,000달러 이상, 인터넷 보급률이 50%를 넘으며 창의적 계층이 직장인의 20%가 넘는 국가라고 할 수 있다. 그렇다면 우리나라는 어떨까? 한국은 이 3가지 조건을 훨씬 뛰어넘는다.

3가지 조건 외에도 스마트폰 보급률은 스마트 소사이어티에 진입했느냐 아니냐를 판단하는 기준이 되고 있다. 우리나라는 2009년 말에 아이폰이 판매된 지 불과 1년 만에 600만 대 이상이 판매돼 1인당 보급률에서는 세계 최고 수준이다. 또한 스마트폰 1인당 트래픽도 271MB로 일본의 199MB를 크게 앞선 이용률을 보이고 있다.

창의적 소비자, 스마트 슈머

앨빈 토플러는 『제3의 물결』에서 맨 처음 프로슈머라는 단어를 사용했다. 프로슈머는 프로듀서(Producer. 생산자)와 컨슈머(Concumer. 소비자)가 결합된 신조어로, 소비자와 생산자의 역할을 동시에 하는 사람을 뜻한다. 그는 제3의 서비스 시대는 소비자가 생산자 역할까지 맡는 '프로슈머' 시대가 될 것이라고 진단했다. 실제로 프로슈머들은 기업의 생산에 직·간접 관여해왔다.

스마트 사회에서는 고객들이 온·오프라인의 다양한 미디어 채널을 활용하며, 제품(서비스)에 대해 기업보다 훨씬 많은 정보를 갖게 되었다. 소비자들은 이제 기업이 내놓는 제품을 단순하게 구입만 하는 수동적 존재가 아니다. 직접 생산자의 입장이 되어 '아이디어 보따리'를 풀어놓기 시작했다. 소비는 물론 제품 개발과 유통 등 전통적으로 기업의 고유 영역이라고 여겨졌던 생산 분야에 도전장을 내밀고 있다.

소비 욕구 또한 급속한 변화를 보이고 있다. 소비의 주체인 고객들이 변화하다보니 크레슈머(Cresumer), 스마트슈머(Smartsumer), 노마드(Nomad)족, 코쿤(Cocoon)족 등 신조어가 등장하고 있다. 그 중에서도 크레슈머(cresumer)가 많은 주목을 받고 있는데, 크레슈머는 '창조(creation)'와 '소비자(consumer)'의 합성어로 '나만의 제품'을 만들어 사용하는 적극적인 소비자들을 뜻한다.

기존 제품을 사용하는 데 그치지 않고 직접 입맛에 맞는 제품을 만들어 나가는 소비자들이 늘어나고 있다. 크레슈머들은 자신의 개성을 표현하는 음악, 미술, 문학 등 주로 창작 분야에서 디지털 기술을 보다 적극적으로 이용하면서 생산에 참여하기도 한다.

크레슈머와 함께 주목받는 또 다른 소비자들이 있다. 바로 똑똑한 소비자, 스마트슈머이다. 불황 속에서도 기꺼이 지갑을 여는 '스마트슈머(Smartsumer)'들이 신(新)소비 계층으로 부상하고 있다. 스마트슈머는 소비를 통해 자아실현, 문화생활, 건강, 환경, 인테리어 등 부수적 효과까지 노리는 가치 소비 족이다. 합리적인 가격에 만족할 만한 서비스, 그리고 필요할 때 100% 활용 가능한 적절한 시기 등을 판단해 소비를 결정한다.

이들은 인터넷이나 오프라인 커뮤니티 활동을 하고 있어서 비슷한 생각을 가진 사람들과 활발히 정보 교류를 한다. 쇼핑몰에 들어가 원하는 상품에 달린 댓글을 참조하고 자신이 댓글을 남겨 놓기도 한다. 상품의 효용이나 사용 가치에 대해서는 기업보다 더 많은 정보를 가지고 있다. 이들은 자신의 라이프스타일에 맞는 개성 넘치는 상품이나 서비스를 좋아한다.

스마트 시대는 소비자가 모든 것을 '스스로 결정'하는 시대이다. 스마트폰은 이를 위해 사용자가 자신이 원하는 프로그램을 직접 고를 수 있는 장터를 제공한다. 그리고 오픈 마켓인 앱스토어(AppStore)에서 수많은 공급자와 개성 넘치는 고객이 만난다.

창의적 기업 문화를 만드는 스마트 워크

IT 분야에서는 스마트폰이 스마트 워킹, 스마트 마케팅, 스마트 인맥 관리 등 수많은 신조어를 만들어내면서 변화를 주도하고 있다. 그리고 스마트폰이 스마트PC(태블릿), 스마트TV 등 스마트 미디어로 발전해 가면서 스마트 IT 시대가 다가오고 있다.

그런데 스마트 IT 시대가 다가오면서 기업의 근무 환경도 변하기 시작했다. 스마트폰, 스마트TV 등 한층 업그레이드된 IT 기술이 업무 환경과 결합하면서 '스마트 워크' 시대가 온 것이다. 최근 스마트 워크를 시도하는 기업들이 늘어나는 현상은 이런 시대적 변화를 대변하고 있다.

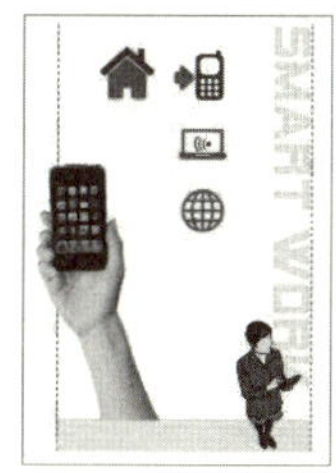

스마트 워크란 정보통신기술(ICT)을 이용해 시간과 장소의 제약 없이 업무를 보는 방식을 말한다. 예를 들어 최근 이용자 수가 급격히 늘고 있는 스마트폰을 활용하여 사무실이 아닌 현장에서 직접 일을 처리하는 것도 스마트 워크라 할 수 있다.

스마트폰을 이용해 사내 컴퓨터 네트워크에 접속해 외부에서도 업무를 처리할 수 있다. 이메일, 그룹웨어, 전자결재는 물론 ERP, CRM 등과도 연계돼 어디서든 사내 시스템과 데이터에 접속이 가능하다.

스마트 워크는 회사원들이 보통 오전 9시에 출근해서 오후 6시에

퇴근하는 지금의 업무 형태와 비교했을 때 출퇴근 시간이 줄어들고, 장소에 구애받지 않고 보다 유연하게 업무를 진행할 수 있다는 특징이 있다. 스마트 워크가 본격적으로 활성화하면 인터넷이 가능한 곳에서는 어디든 업무 공간이 될 수 있고, 스마트폰과 태블릿PC의 등장으로 업무 공간은 넓어지고 다양화될 것이다. 이를 통해 기업 내 창의적 계층에게는 창의성을 발휘할 수 있는 여건이 마련된다고 할 수 있다.

마르쿠스 알베르스는 미래의 지식 근로자에게 요구되는 것은 '하드 워크(Hard Work)'가 아니라 창의성과 혁신에서 비롯되는 '성과'라고 말한다. 스마트 워크는 창의성을 자극하는 훌륭한 환경이라고 할 수 있다. 과거 기업이 관리에 잘 따르고 성실한 사람을 원했다면 창조적 기업에서는 창조적 계층의 인재를 원하고 있다. 또 과거의 기업이 정규 군대와 같이 피라미드 조직 하에서 관리와 효율을 중시했다면 창조적 기업에서는 창의와 도전을 중시하고 있다.

카네기멜론대학의 리처드 플로리다 교수는 미국에 창의적 인재가 많은 것이 경쟁력이라고 했다. 그는 미국 직장인 중 30% 정도인, 3,800만 명 정도를 창조적 계층(Creative class)으로 분류했다. 이들은 독창성을 중시하는 과학, 공학, 건축, 디자인, 교육, 미술, 음악, 엔터테인먼트, 경영자 들이다. 이런 사람들은 복잡한 문제를 상당한 지식으로 독립적인 판단을 한다. 이들은 동질성, 순응, 복종보다는 개성, 자기표현, 그리고 차이점 수용하기를 선호한다. 창조적 계층은 자신이 스스로 하고, 직접 스케줄을 정하고 일의 도전을 즐기고 자신의 가치관을 일에 반영한다.

창조성은 다원적이고 상호 보완적인 다수의 집단에서 나타난다. 산업 전반에서 기업의 규모와 상관없이 새로운 생각, 새로운 방식, 새로운 콘셉트, 새로운 기술이 결합되어 나타난다. 기술·경제적 창조성은 예술·문화적 창조성과 상호작용이 일어나는데, 컴퓨터 그래픽에서 디지털 음악 및 애니메이션뿐 아니라 신문, 잡지, 책에 이르기까지 새로운 가치로 창조되고 있다. 이렇게 창조성은 하나의 추상적인 개념이 아니라 경제와 경영 활동에 직접적으로 영향을 미치고 있다.

그러니 이제는 기업에서 창의적인 사람을 키우고 그들이 창의적으로 일할 수 있는 환경을 만들어야 한다. 창조적인 기업은 창의적인 사람들을 모아서 그들이 마음껏 일할 수 있는 문화를 만드는데 힘써 왔다.

창의적인 사람들은 단지 돈벌이나 일자리 자체만으로 일하지 않고 자신의 능력을 알아주고 창의성을 발휘할 수 있도록 지원하는 직장에서 일한다. 이제 기업은 '스마트 워크 플레이스'를 만들어서 창의적인 인재를 키우고 이들이 새로운 가치를 창조할 수 있도록 지원해야 한다.

Part 2

비즈니스모델 전쟁의 승자들

Biz
Model
War

어떻게 징가, 구루폰이 2~3년 만에 수조 원의 회사가 되었을까?

그동안 애플은 아이폰을 중심으로, 구글은 안드로이드를 들고 스마트폰 전쟁을 벌여왔다. 여기에 최근 MS가 윈도우7로 무기를 바꾸어서 그 전쟁에 뛰어들었다. 이로 인해 기존 양강 구도(애플vs구글)로 형성됐던 시장은 춘추전국시대의 혼란함을 방불케 할 것으로 보인다.

스마트폰의 성장과 함께 애플리케이션 시장도 급격하게 크고 있다. 전문가들에 따르면 현재 애플리케이션의 시장 규모는 대략 10억 달러(약 1조2,000억 원). 2012년에는 현재의 4배 가까이 커질 전망이다.

그런데 스마트폰과 애플리케이션 시장이 급성장하면서 한 가지 재미있는 사실이 발견됐다. 거대한 기업들보다 신선한 아이디어를 내세운 기업들이 선전하고 있다는 점이다. 대표적인 기업으로 페이스북, 트위터, 포스퀘어, 구루폰, 징가 등를 꼽을 수 있다. 이들 기업들은 초창기에는 직원이 3~4명에 불과했지만 스마트폰이 급증한 2008년부터 폭발적인 성장세를 보이고 있다.

하루 약 800만 명이 즐기는 징가의 '팜빌'이라는 게임은 생각이 젊은 사람들 4명이 6주 만에 개발했다고 한다. 이 게임은 처음부터 크고 완벽한 게임을 개발하는 것이 아니다. 새로운 콘셉트의 게임을 간단히 만들어서 발표한 후 고객들의 반응을 보면서 계속 업데이트를 해왔다.

트위터 역시 4년 전에 에반 윌리암스가 쓴 메모지 한 장에서 출발했다. 그는 메모지에 모든 사람이 간단한 메시지를 손쉽게 남길 수 있으면 좋겠다는 생각으로 'status'라는 긴 박스를 만들어 거기에 자신의 상태를 문자로 남길 수 있는 소프트웨어를 개발했다. 하지만 당시 사람들의 반응은 시큰둥했다.

스마트폰이 나오면서 간단한 문자를 위급한 상황에서 빠르게 전달하고자 하는 사람들의 욕구가 늘어나 트위터의 사용이 급증했다. 지금은 전 세계 1억5,000만 명의 사용자가 이용하는 소셜네트워크 서비스(SNS)의 상징이 됐다. 하지만 트위터의 알고리즘을 담당하는 사람은 아직도 고작 한 명뿐이다. 트위터는 보다 많은 사람들이 쓰게 하려는 목표를 가지고 무료로 이용할 수 있게 하고 플랫폼을 개방하고 있다.

트위터가 성공하자 이후 트위터의 개념을 새롭게 응용한 회사들이 속속 생기고 있다. 기업 전용 트위터인 '야머'도 생겼다. 야머는 기존 트위터에서 보안성을 보강해 기업 내부 사람들끼리 소셜 네트워킹을 할 수 있는 서비스이다. 트위터에서 관심 분야가 비슷한 사람들이 '당'을 개설하는 것처럼 팀별로 그룹을 나누거나, 보고해야 할 상사를 등록할 수도 있다.

신속하게 정보를 확인하고 바로 피드백을 줄 수 있다는 점에서 지금까지 나온 어떤 지식경영 도구보다 빠른 업무 처리가 가능하다는 평가를 받고 있다. 덕분에 현재 이 서비스는 세계적인 대기업들이 적극 활용하고 있다. 야머 역시 2년 전에는 3~4명으로 출발했다고 한다.

신흥 강자로 떠오르는 기업들의 공통점은 1~4명의 생각이 젊은 사람들이 팀을 이루어 프로젝트를 완성하고, 2~3년 내에 몇조 원의 가치를 지닌 기업으로 성장했다는 점이다. 이들은 대기업과 비교해서 턱없이 작은 조직이지만 창조적이고 역동성을 지닌다는 점에서 큰 주목을 받고 있다. 이렇게 생각이 젊은 사람들의 특징을 좀 더 체계적으로 살펴보면 크게 4가지로 요약해볼 수 있다.

첫째, 고객의 숨어있는 니즈를 찾아내는 창의성이 뛰어나다.

구루폰(Groupon)의 경우에 값진 상품을 싸게 사고 싶다는 욕구를 소셜 쇼핑이라는 방법으로 풀어줬다. 기존의 공동구매가 공산품에 한정되었지만 구루폰은 여기에서 한발 더 나아가 서비스 상품을 커머스와 연계해 대박을 터뜨렸다.

둘째, 고객을 재미있게 만드는 스토리텔링이 숨어있다.

징가(Zynga)의 경우에 농장에 작물을 키우고 거래하는 과정에 친구를 불러들여서 같이 이야기하고 공동 작업을 하면서 자신들만의 스토리를 만들어간다.

셋째, 대규모 광고판촉 보다는 작지만 효과는 큰 게릴라 마케팅에 능하다.

이렇게 생각이 젊은 사람들은 인터넷 모바일, 앱(App)을 활용해서 새로운 비즈니스모델을 만들어내고 수익 구조도 탄탄하다는 점에서 10년 전의 벤처1.0과의 다르다. 이들 벤처2.0 기업들은 디지털 미디어를 이용한 입소문, SNS의 판촉, 소규모 이벤트 등을 마케팅에 이용한다.

넷째, 플랫폼 회사나 많은 고객을 확보한 회사들과 협력해 고객 생태계를 만들어간다. 페이스북이나 앱스토어의 경우 모든 서비스를 단독으로 운영하는 것이 아니다. 플랫폼을 제공하고, 다른 이들에게 제품 개발을 쉽게 하고 고객을 공유하는 생태계를 만들어 큰 호응을 이끌어냈다.

설립 6년 만에 기업 가치가 25조가 된 페이스북, 3년 만에 5조 원이 된 징가(Zynga), 2년 만에 6조 원을 돌파한 구루폰(Groupon)의 성공 비즈니스모델을 샅샅이 살펴보자.

2번의 실패 뒤에
5조 원의 기업을 키우다

zynga

페이스북의 회원수가 6억 명을 돌파하자 수천 개의 기업들은 페이스북을 활용하여 비즈니스를 하고자 몰려들었다. 이중에서 돈을 가장 많이 번 기업은 어딜까? 대표적인 회사로 징가(Zynga)를 꼽을 수 있다.

징가는 2007년 7월 설립된 '소셜 게임(social game)' 회사다. 소셜 게임이란 '소셜네트워크서비스'와 '온라인 게임'을 결합한 용어로 페이스북이나 마이스페이스, 트위터 등의 친구들과 함께 즐기는 게임을 말한다. 현재 징가는 소셜 게임 부분에서 부동의 1위 자리를 굳건히 지키면서 세계 게임 업계의 주목을 받고 있는데, 2010년 매출이 6억 달러(6,600억)에 달할 것이라고 한다. '엔씨소프트'의 작년 매출액인 6,347억 원보다 많다. 이제 세 살을 넘긴 징가가 열세 살 엔씨소프트와 맞먹을 정도가 됐다는 얘기다. 엔씨와 맞먹는 징가의 정체는 뭘까.

징가의 설립자는 마크 핀커스(Mark Pincus). 실리콘밸리의 스타들이 대부분 20대에 창업하였으나 핀커스는 40대에 창업해서 성공했다. 그에게 징가는 4번째 회사였다. 인터넷 방송회사, 소프트웨어회사, 소셜네트워크서비스 회사를 창업했지만 계속 실패만 거듭했다.

이전에 창업한 3개의 회사는 기술 중심의 회사였다. 하지만 징가를 시작하면서 그는 고객에게 재미를 주는 회사를 만들기로 한다. 징가(Zynga)라는 이름 역시 그가 자신의 집에서 키우는 불독의 이름이고, 로고 역시 불독이다.

현재 페이스북에서 인기가 높은 앱 10위 가운데 6개가 징가의 게임이며, 징가의 게임에는 월 2억1,000만 명의 유저가 활동하고 있다. 징가의 대표적인 게임인 '팜빌'에서만 5,760만 명의 가입자를 갖고 있을 정도이다. 또한 징가는 설립된 지 얼마 되지 않아서 1억 8,000만 달러의 투자를 유치했으며, 설립 2년 만에 매출 2억 달러을 올리고 2012년에는 10억 달러의 매출을 올릴 것으로 예상돼 게임 업계의 구글(Google)로 인정받고 있다.

미국 주요 언론에서는 '징가 게임 네트워크'의 기업 가치가 28

년 전통의 세계 2위 게임 업체 '일렉트로닉 아츠(EA)'의 시가총액을 추월했다고 한다. 이 보도에 따르면, 미국의 비상장 주식 거래소인 '쉐어스포스트'가 최근 거래하는 징가의 주식 가격을 토대로 산정한 이 회사 기업 가치는 약 55억1,000만 달러(한국 돈 약 6조2,000억 원)였다. 최근 EA의 시가총액은 51억6,000만 달러인데 징가의 기업 가치가 이보다 더 큰 것이다. 징가는 신생 기업으로 페이스북보다 세 살, 트위터보다는 한 살 어리다. 이런 기업이 '게임 업계의 구글'이 될 수 있었던 비결은 무엇일까?

게임에 소셜 개념을 가미하다

한국의 온라인 게임업체들이 스타크래프트 같은 대작 게임에 힘을 기울고 있을 때 징가는 소셜 게임(Social game)에 눈을 떴다. 그리고 2007년 7월에 페이스북에서 '팜빌(Farmville)'이라는 게임 서비스를 시작했다. 이 게임은 친구들과 농작물을 키우고 그렇게 키운 농작물을 교환하거나 돈을 벌 수 있는 서비스이다. 현재 '팜빌'은 서비스를 오픈한 지 꽤 시간이 지났음에도 여전히 부동의 1위를 차지하고 있으며 전체 페이스북 사용자의 10%는 적어도 한 달에 한 번 팜빌을 즐기고 있다.

그렇다면 팜빌의 매력은 무엇일까? 팜빌은 사실 게임 자체로는 특이한 것이 없다. 방식도 무척 간단하다. 아바타를 고르고 농작물을 심고 추수하면 팜 코인을 받는 스토리다. 하지만 이전의 게임과는 다른 점을 찾을 수 있다.

팜빌의 진정한 가치는 농작물을 키우고 거래하는 과정에 친구를 불러 공동 작업을 하면서 자신들만의 스토리를 만들어가는 것이다.

처음에는 아주 좁은 땅에서 출발한다. 하지만 게임을 계속하면 좀 더 큰 농장을 경영할 수 있다. 친구들이 자신의 농장으로 와서 일을 해줄 수도 있다. 자신이 농작물을 키우는 동안 친구들과 대화를 하고 친구들의 농장을 방문하여 대화하기도 한다. 혼자보다 친구와 함께 할 때 경작 속도도 빠르고 농작물도 빨리 자란다. 친구 농장의 농작물들이 빨리 성장하도록 약도 뿌려주고, 만약 딸기가 잘 자라지 않는다면 친구들에게 고민 상담을 하기도 한다. 딸기를 키우고 장미 넝쿨이 풍성하게 자라는 모습에 뿌듯하기도 하지만 갑자기 충해를 입은 가지에 약을 치기 위해서 고이 키운 딸기를 팔아

야 할 때도 있다. 농민들이 농작물을 자식처럼 돌보고 자랑스러워
하는 모습과 별반 다르지 않다.

　언뜻 보면 사이버상의 농작물에 공을 들이고 고민하는 '농심(農
心)'이 이해조차 되지 않는다. 하지만 어느 날 탐스러운 장미 송이
를 피워내는 모습을 보면 자꾸 눈길이 간다. 딸기가 다른 친구의 것
보다 잘 자라지 못한다는 불평의 글을 보면서 자신도 모르게 '그럼
토양의 문제는 아닐까' 하는 고민을 해보기도 한다. 이처럼 팜빌은
게임을 한다는 개념 보다는 이용자들끼리 서로 '상부상조'해서 무
언가를 만들어가는 의미가 더욱 강하다. 즉, 친구와 함께 무언가를
'상당한 시간'을 투자해서 만들어가며 그 안에서 스토리를 만들어
가는 것이다. 다른 게임에 비해서 화려하거나 다이내믹하지는 않지
만, 서로 힘을 모아서 무언가를 만들어가는 것은 사용자들을 유혹
하는 아주 중요한 요소다.

게임 이용은 무료, 수익은?

징가는 팜빌 외에도 여러 소셜 게임을 개발해 큰 성공을 이어가고
있다. 게임 참가자들을 영화 '대부'의 돈 콜레오네로 만들어주는 마
피아워즈(Mafia Wars), 개장 3일 만에 무려 500만 회원을 끌어 모은
프런트빌(FrontierVille)….

　현재 징가는 전 세계에 5,000만 명의 회원을 갖고 있다. 이들을 통해 2010년 상반기 동안 벌어들인 돈은 무려 3억5,000만 달러에 이른다. 돈 냄새를 맡은 전 세계의 투자가들이 몰려드는 것은 당연하다. 그렇다면 징가는 어떻게 막대한 수익을 올리는 것일까?

　징가에서 제공되는 대부분의 게임은 모두 공짜로 즐길 수 있다. 하지만 게임을 재미있게 하려면 아이템(Item)이 있어야 하는데, 바로 이 아이템만은 유료다. 어디서 많이 본 듯한 이 아이디어는 바로 한국 게임 회사들이 시작한 것인데. 징가는 소셜 게임에 적용했다.

　팜빌의 경우 게임을 시작하면 초기 화면에 버추얼 농장이 나타나면서 서부 영화에서나 들을 수 있는 만돌린 음악이 흘러나온다. 농장은 화면 한가운데에 부분적으로 농작물이 심어져 있을 뿐 대부분의 공간은 비어있다. 팜빌 게임의 룰은 빈 농토에 농작물을 심은 뒤 페이스북 내의 친구들을 초대해 수확한 농작물이나 동물을 거래하는 방식으로 이뤄진다.

　그런데 농작물을 심기 위한 씨앗, 농기구, 집, 농토를 전부 웹상의 버추얼 금화로 거래해야만 한다. 예를 들어 가지 씨앗은 금화 25개, 밀 씨앗은 금화 13개와 같은 식이다. 버추얼 금화로 농기구를 빌릴 수도 있고, 소나 개간용 트랙터를 친구들에게 선물할 수도 있다. 그런데 팜빌에서 거래되는 버추얼 금화는 현실의 신용카드를 통해야만 확보할 수 있다. 가격은 버추얼 금화 100개에 약 10달러로, 금화 한 개가 10센트에 해당한다. 물론 게임 가입자는 처음에

25개 금화를 공짜로 받는다. 하지만 이것은 물고기를 잡기 위한 미끼와 같다. 막상 게임을 진행하다 보면 필요한 것이 너무도 많다는 것을 알게 된다. 결국 신용카드로 버추얼 금화를 다량으로 구입하지 않을 수 없게 된다.

팜빌에서 가장 인기가 많은 핑크색 트랙터는 3.5달러, 이걸 작동하는데 필요한 연료는 60센트. 말은 4,4달러, 닭 4마리는 5.6달러이다. 아주 작은 돈이지만 유저가 수천만 명이다 보니 모으면 큰돈이다. 팜빌 덕에 징가는 2년 만에 1억 달러(약 1,200억 원)가 넘는 수익을 올렸다. 구글이 창업 후 3년이 지나서야 수익을 내기 시작한 것과 비교하면 놀라운 성과다.

그런가하면 징가의 또 다른 게임인 '마피아워즈(Mafia Wars)'는 페이스북에 등록된 친구들을 자신의 가상 마피아 조직에 끌어들여 다른 유저들이 만든 마피아 조직들과 경쟁을 시킨다. 따라서 유저들은 게임에서 우위를 점하고 높은 랭킹에 도달하기 위해 최대한 많은 친구를 게임에 끌어들이려고 노력한다. 이 과정에서 이용자 수는 기하급수적으로 늘어난다.

친구를 끌어들이기 위해서는 부분 유료화로 판매되는 아이템이 필요하다. 기하급수적으로 늘어나는 이용자 수만큼 아이템 판매를 통한 수익 역시 엄청나게 증가하고 있다.

페이스북이라는 생태계를 이용하다

팜빌은 현재 소셜 게임 중 1위에 랭크되어 있으며. 이용자만 8,000만 명에 달한다. 이런 엄청난 성공에는 페이스북이 큰 역할을 했다. 징가가 설립된 지 3년도 안 돼 한국의 엔씨소프트 규모로 성장한 것은 페이스북이라는 초대형 '놀이마당'이 있었기에 가능했다. 그러니 징가와 페이스북은 떼려야 뗄 수 없는 관계이다.

2007년 페이스북이 'F8'로 업그레이드하자 징가는 페이스북의 플랫폼을 이용하여 게임을 개발했다. 페이스북의 SDK를 이용하여 게릴라팀이 6주 만에 개발하여 서비스를 시작한 것. 그리고 일단 서비스를 시작한 다음 고객의 반응을 보면서, 조금씩 업그레이드했다.

얼마 전 미국 샌프란시스코에서 열린 GDC(Game Developers Conference)에서 팜빌 개발의 산파역을 맡은 리드 기획자 아미트 마하잔 씨의 강연이 있었다. 그는 〈팜빌의 초고속 개발 : 페이스북 넘버원 게임을 5주 만에 어떻게 만들었을까〉라는 주제로 개발 비화를 공개했다. 팜빌을 만든 개발팀은 게임 디자이너 3명. 아티스트 2명. 웹프로그래머 6명이 전부였다. 개발팀 11명이 모두 500만 원씩 받았다고 가정하더라고 수천만 원에 불과한 금액으로 '팜빌'을 개발한 것이다.

그렇다면 페이스북 입장에서는 어떤 이득이 있는 걸까? 페이스북은 징가와 같은 애플리케이션 개발 업체가 많아지면 자연스럽게 거대한 생태계(Ecosystem)를 구축할 수 있고, 이들 업체가 올리는 수익을 공유할 수 있다. 현재 페이스북 생태계에서 활동하는 벤처업체들이 만든 애플리케이션(이하 앱)만 80여만 개를 훌쩍 넘는다고 하니, 양쪽 모두에게 이익이 되는 윈윈 전략을 잘 활용하는 셈이다.

페이스북의 생태계를 이용하는 비즈니스모델이 성공하자 징가는 새로운 소셜 게임의 개발에 매진했다.

2010년 11월에 팜빌(Farmville)을 능가하는 소셜 게임으로 시티빌(Citiville)을 개발한 것. 시티빌은 조그만 마을에 집을 짓고, 가게도 차리고, 경찰서, 시청과 같은 관공서도 지으면서 대도시로 키워가는 게임이다. 게임의 요소는 팜빌과 비슷하지만 소셜 기능을 강화시켰다. 경찰서를 개설하려면 친구 5명, 종합병원을 개설하려면 친구 7명을 구해야 한다. 친구가 부족하면 시간이 걸리더라도 돈을 모아야 한다. 시티빌의 이용자들은 적극적으로 친구를 모아야 하기에 더욱 빠르게 이 게임의 이용자가 늘게 된다.

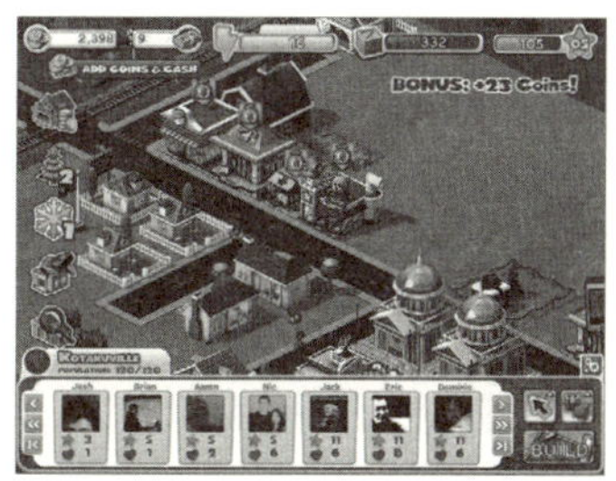

시티빌은 페이스북에서 하루에 100만 명 이상 이용자가 늘고 있어 오픈한 지 40여일 만에 이용자가 7,000만 명을 넘었다. 시티빌은 이미 팜빌의 이용자를 앞질렀고 2011년 1월에는 1억 명을 넘을 전망이다.

27살의 프로그래머가
7조 원 기업을 만들다

GROUPON

2010년 12월에 구글이 구루폰(Groupon)을 60억 달러에 인수한다고 해서 화제가 됐다. 구루폰은 2008년 11월에 설립된, 2년밖에 되지 않은 신생 소셜 커머스(Social Commerce) 회사이다.

소셜 커머스는 트위터, 블로그, 페이스북 등과 같은 소셜 미디어와 온라인 공동구매가 합쳐진 것이다. 그중에서도 미국의 온라인 할인 쿠폰 업체 구루폰은 '소셜 커머스'의 잠재력을 보여주는 대표 주자다.

구루폰은 단체를 뜻하는 '그룹(group)'과 '쿠폰(coupon)'을 합친 이름으로 회사 명칭에서 드러나듯 이용자들이 할인 쿠폰을 단체로 구입하게 하는 비즈니스모델을 채택하고 있다. 구루폰의 비즈니스 방식은 간단하다. 그날의 거래가 등록되고 관심 있는 고객들이 마감 시간까지 거래처가 요구한 수만큼의 구매가 이뤄지면 그날 거래가 끝나는 것이다. 소셜네트워크서비스(SNS)를 통해 일정 수의 구매 희망자가 모이면, 특정 물건이나 서비스를 할인받을 수 있는 쿠폰을 공동으로 구매할 수 있다.

공급자가 구루폰에 상품이나 서비스를 판매하기 위해서는 일반 할인 행사보다 가격을 대폭 낮추어야 한다. 그래서 최소 50% 이상 할인된 가격으로 등록되는 것이 보통이다. 지금까지 가장 인기가 높았던 아이템은 시카고 마천루를 배를 타고 둘러보는 관광 상품으로 25달러짜리 티켓을 12달러에 판매했다. 티켓은 단 8시간 만에 무려 1만9,822장이 판매됐고 수익금 23만8,000달러를 여행사 측과 반씩 나눠 가졌다.

구루폰을 창업한 사람은 당시 27살의 앤드류 메이슨(Andrew Mason)으로 실리콘밸리나 IT와 전혀 관련 없는 노스웨스턴대학의 음악 전공 학생이었다.

그는 피아노를 연주하고 록밴드에 심취해 있었고, 2006년에 프린팅 회사의 웹디자이너로 일하고 있었다. 메이슨은 2007년에 자신의 휴대폰 계약을 해지하는 과정에서 어려움을 겪은 후 같은 처지에 있는 이들과 함께 공동구매를 하면서 물건을 싸게 살 수 있는

MORE ↗

방법을 찾았다. 그는 당시 회사의 사장인 레프코프스키에게 자신의 구상을 털어놓고 창업하겠다는 의사를 밝혔다. 메이슨의 아이디어를 들은 사장은 즉석에서 100만 달러을 투자했다.

'구루폰'(GROUPON.com)은 최초의 소셜 쇼핑몰로 시카고에서 첫 서비스를 개시한 이후 미국, 캐나다 지역의 90개가 넘은 국가에서 서비스 중이다.

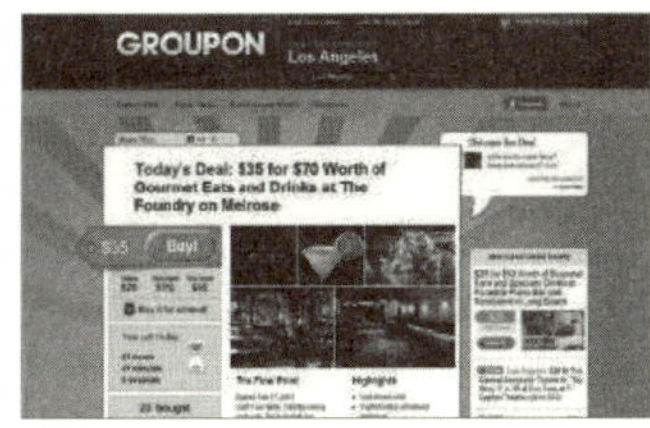

구루폰은 창업 1년 6개월 만에 8백만 명 이상의 가입자를 확보했으며, 기업 가치 13억5,000만 달러의 평가를 받았다. 또한 2010년 매출이 5억 달러이고 추가로 1억7,300백만 달러의 투자를 받았다. 또한 창업한 지 17개월 만에 흑자를 냈다. 이베이나 아마존, 야후, 구글 등 어느 인터넷 기업도 구루폰만큼 빠르게 흑자로 돌아서지는 못했다. 1994년에 설립된 세계 최대의 온라인 쇼핑 업체인 아마존의 경우 10억 달러의 매출을 올리는 데 5년이라는 세월이 걸렸다.

구루폰은 현재 추세만 지속된다면 3년 안에 매출 10억 달러, 우리 돈으로 6조 원의 기업이 된다. 그 어느 닷컴 기업보다 빠른 속도로 매출 10억 달성 고지에 올라서는 것이다. 구루폰의 폭발적인 성장세는 과거 닷컴 시절 이후에 등장한 그 어떤 서비스들과 비교해도 가히 독보적이라 할 수 있다. 전문가들은 구루폰(Groupon)은 인터넷 기업이 갖추어야 할 장점을 모두 가지고 있는 기업이라고 평가하고 있는데, 그 비밀에 대해서 알아보자.

공산품이 아닌 '서비스 시장'을 만들다

언뜻 구루폰의 사업 방식을 살펴보면 공동구매와 쿠폰을 결합시킨 모델이란 별로 새로울 게 없는 아이디어처럼 보인다. 하지만 좀 더 구체적으로 살펴보면 창의적인 아이디어가 숨어 있다. 창립자 앤드류 메이슨은 새로운 사업 모델을 생각하다가 기존의 공동구매 방식의 대부분이 하드웨어 상품이라는 점에 주목했다.

서비스 상품을 값싸게 구매하고 싶은 고객들에게 맞는 쇼핑몰은 어디에도 없었다. 그래서 그는 서비스 상품을 공동구매할 수 있는 쇼핑몰을 만들어 딜(Deal)의 개념을 도입했다. 즉 서비스 상품을 대상으로 하루 동안의 특별한 딜(Today deal)이 성립하면 50% 이상의 할인쿠폰을 발행해주는 것이다. 이용 방법도 아주 간단하다. 구루폰에 가입한 후 자신이 살고 있는 도시와 우편번호를 입력하면 그 도시에서 벌어지는 투데이 딜(Today deal)이 뜬다.

즉 구루폰은 도시별로 단 하루 동안 음식점. 서비스. 숙박. 공연 등 단 하나의 서비스를 파격적인 가격에 판매한다. 바로 이 점이 기존 공산품을 대상으로 하는 '원 어데이' 류의 하루에 한 가지 쇼핑 사이트와 크게 다른 점이다.

공산품은 파격적인 할인 가격으로 판매를 하는 데 한계가 있다. 기본적으로 원가가 차지하는 비중이 높기 때문이다. 기껏해야 가격 비교 서비스의 최저가보다 조금 싼 가격에 팔 수 있을 뿐이다. 하지

MORE ↗

만 서비스 상품은 원가가 낮기에 파격적인 할인이 가능하다.

구루폰이 서비스를 시작하자마자 사람들의 반응은 폭발적이었다. 구루폰은 뉴욕 타임스스퀘어에서 열린 한 전시회의 표를 원래 가격의 절반인 장당 18달러에 6,561매를 판매하는 데 성공했고, 판매 수익의 절반인 6만 달러를 커미션으로 받아갔다. 구루폰은 초장기 불과 5개 도시로 서비스를 시작하였으나 1년 만에 90개 도시 넘어 확대되었고 2009년 매출은 1억 달러를 넘었다. 최근에는 독일의 이메일 기반 통신 판매업체인 씨티딜(City Deal)을 인수하면서 유럽까지 진출했다. 구루폰은 이 인수를 통해 설립된 지 약 1년 만에 18개국 140개 도시로 서비스를 넓힐 계획을 하고 있다.

웹(Web)과 앱(App)을 연결하다

구루폰은 서비스 상품을 대상으로 한다는 점 외에 또 다른 독특한 장치가 있다. 바로 소셜 미디어와 연계하고 있다는 점이다. 구루폰에 가입했다고 해서 무조건 할인된 가격에 서비스 상품을 구매할 수 있는 것이 아니다. 여기에는 한 가지 조건이 있다. 바로 사전에 설정된 일정 규모의 인원에 도달해야만 구매를 할 수 있다는 점이다. 만일 24시간 이내에 설정된 인원에 도달하지 못하면 결제는 자동으로 취소된다. 그래서 이용자는 자신이 혜택을 얻기 위해 자발적으로 페이스북. 트위터 등의 소셜 미디어를 활용해 소식을 알린다. 즉 소비자들은 상품이나 서비스를 싸게 구매하기 위해서 최소한의 고객수를 넘어야 한다는 사실을 잘 알고 있기 때문에 가족이나 친구 등 주변 사람들에게 입소문을 낸다. 판매자 입장에서는 돈 들이지 않고 홍보할 수 있다는 점에서 반가울 수밖에 없다.

구루폰은 이처럼 소셜 미디어와의 연계가 아주 중요한 비즈니스 요소이며. 이용자들은 자신의 딜이 성립하기 위해 또한 좋은 딜을 공유하기 위해 간단한 방법으로 메일, 트위터, 페이스북을 통해 딜을 알릴 수 있다. 구루폰은 소셜 미디어와 단순 연계되어 있는 정도가 아니라. 소셜 미디어를 통해 이용자들이 적극적인 홍보에 나설 수 있는 메커니즘을 갖고 있다. 구루폰의 서비스 자체는 단순하지만, 그 단순함 속에 여러 필살기 즉 공동구매 + 광고 + 소셜 미디어 + LBS(위치 정보)적인 요소가 모두 결합되어 있다.

소셜 쇼핑이 기존의 공동구매나 인터넷쇼핑 행태와 다른 점은 뭘까? 얼핏 대중의 지혜, 즉 집단 지성을 이용해 제품의 가격과 품질, 만족도에 관한 정보를 얻고, 구매한다는 점에서 기존의 온라인쇼핑과 비슷해 보인다. 판매자가 내세운 구매 수량이 달성되면 파격적인 할인혜택을 받을 수 있는 것도 기존의 공동구매 방식과 크게 다르지 않다. 그러나 자세히 들여다보면 웹 2.0 기반의 온라인 쇼핑이나 공동구매에서 한 단계 진화한 모습을 발견할 수 있다.

특히 구루폰의 경우 이용자, 서비스 판매자, 이를 중개하는 구루폰 모두에게 이익이 되는 비즈니스모델을 택하고 있다.

먼저, 구루폰은 결제 금액의 50%를 수수료로 가져간다. 그럼 왜 딜을 제공하는 업체들은 엄청난 비용을 지불하면서도 구루폰을 이용하려는 걸까? 강력한 광고 효과 때문이다.

대폭적인 할인과 구루폰 수수료로 인해 업체들은 큰 수익이 없을 수도 있다. 하지만 한 지역에서 하루에 단지 하나의 딜만 소개되므로 딜을 제공한 업체는 엄청난 주목을 받게 된다.

지금까지 인쇄물. 검색광고 등과 같은 광고를 이용하던 업체들 입장에서는 완전히 새로운 그리고 엄청난 광고 수단이 생긴 셈이다. 공산품은 판매 지역이 국한되지 않기에 광고를 할 수 있는 여러 방법이 있지만, 지역에 기반을 둔 서비스업은 광고 수단에 한계가 있을 수밖에 없다. 구루폰은 바로 그 틈새를 파고들어 업체로 하여금 파격적인 할인을 제공토록 유도한다.

실제로 구루폰에 딜을 제공한 업체들이 응답한 바에 따르면 구루폰이 인쇄물에 비해서는 86%, 방송에 비해서는 94%, 온라인 광고에 비해서는 90%가 효과적이었다고 한다. 지역 서비스 업체들 입장에서는 구글의 검색 광고보다 훨씬 효과적인 광고 수단이 등장한 것이다. 즉 할인 금액 + 구루폰 수수료는 결국 광고비인 것이다.

또한 일정 규모의 인원에 도달해야만 구매할 수 있다는 규칙도 업체들에게 매력적인 요소이다. 업체 입장에서는 사전에 정한 구매

인원을 넘어섰을 경우에만 할인 금액과 수수료를 부담하면 그만이다. 일정 규모의 인원에 도달하지 않으면 아예 딜 자체가 성립되지 않기 때문이다. 반면에 일정 규모의 인원을 넘어섰다는 것은 그만큼 광고 효과가 있었다는 걸 뜻하니 흔쾌히 할인 금액과 수수료를 부담하게 된다. 구루폰의 경우 딜을 제공한 업체들 중 96%가 만족감을 표시했으며 97%가 구루폰을 다시 이용하겠다는 응답을 했다. 판매 효과가 입증되면서 구루폰의 명단에 오르기를 요청하는 기업들이 3만5,000개에 이른다고 한다.

이처럼 구루폰을 통해서 서비스 업체는 커다란 광고 효과를 얻고 이용자들은 큰 폭의 할인을 받아 서비스를 구매하게 되고, 중개 역할을 하는 구루폰은 엄청난 수수료를 챙기고 있다. 결과적으로 서비스 제공업체, 이용자, 그리고 구루폰 모두가 행복한 모델이다.

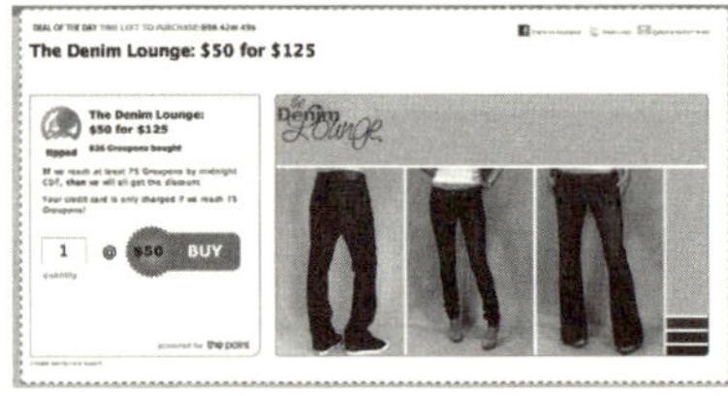

구글이 접은
사업을 다시 살려내다

foursquare

2009년부터 국내뿐 아니라 전 세계에 큰 영향을 미치고 있는 것이 바로 소셜네트워크시스템(SNS)이다. 트위터, 페이스북 등은 이미 지구촌 사람들의 생활습관을 바꿀 정도의 영향력을 발휘하고 있다. 누구나 팔로잉과 팔로워, 트윗질이 무엇인지 아는 시대가 됐다.

이런 SNS 열풍과 함께 주목을 받고 있는 서비스가 바로 위치기반서비스(LBS)이다. 특히 스마트폰을 기반으로 위치 정보가 더해지면서 광활한 비즈니스 영역이 열리고 있다. SNS의 세계적인 대표주자인 페이스북과 트위터 역시 위치 정보를 활용하는 서비스를 준비하고 있으며, 구글과 애플 또한 위치기반 모바일 광고 사업의 주도권을 위해 치열하게 전열을 가다듬고 있다.

그중에서도 포스퀘어는 위치기반서비스(LBS)와 SNS을 결합한 서비스로 가장 주목받는 기업이다. 회사명이자 서비스명인 포스퀘어는 스마트폰과 소셜 미디어를 통해 가입자끼리 '내가 어디에 있고, 어디를 다녀갔다'는 정보를 올려 공유하는 서비스이다.

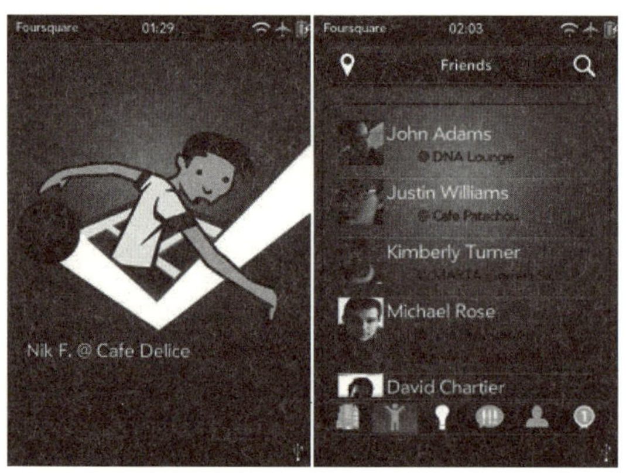

포스퀘어(FourSqure)는 2009년 3월에 데니스 크라울리와 나빈 셀바두레이가 창업했다. 그는 미국 뉴욕대(NYU)에서 쌍방향 통신 프로그램 부문으로 석사학위를 받았으며, 이 대학의 겸임 교수이다. 그가 창업한 이동통신 소셜 서비스업체인 '닷지볼'은 2005년에 구글이 인수했다가 2009년에 문을 닫았다. 그러자 크라울리는 닷지볼의 개념을 살려내 포스퀘어를 다시 창업했다.

포스퀘어는 페이스북과 트위터의 계보를 잇는 서비스로 꼽힌다. 2009년 4월 야후는 1억2,500만 달러에 포스퀘어를 인수하려했다.

실리콘밸리의 대표적 벤처 펀드인 안드리센 호로위츠와 코슬라 벤처스, 그리고 페이스북과 징가에 투자했던 러시아 DST 역시 포스퀘어에 투자하겠다고 덤벼들었다. 하지만 포스퀘어는 야후의 제안을 거절하고 안드리센 호로위츠로부터 2,000만 달러의 자금을 유치했다. 2,000만 달러면 240억 원. 직원이 20여 명에 불과한 신생 기업에게는 적은 돈이 아니다.

그렇다면 포스퀘어의 이용자는 얼마나 되는 걸까? 20만 명이다. 이용자가 5억 명에 가까운 페이스북이나 1억 명이 넘는 트위터에 비하면 비교가 안 될 정도로 작다. 그럼에도 포스퀘어는 수많은 업체들로부터 러브콜을 받고 있다. 야후가 거금을 들여 인수하기 위해 달려들고, 실리콘밸리의 대표적인 벤처 펀드들도 돈다발을 들고 투자하겠다고 나섰다. 아직 매출도 적고 이익도 나지 않는 이 회사에 왜 비즈니스 업체들이 눈독을 들이고 있을까?

'무엇'뿐만 아니라 '어디서'까지 잡아라

포스퀘어의 가장 큰 특징은 위치 정보를 소셜네트워크서비스와 연결한 것이다. 자신의 위치를 SNS를 사용해 실시간으로 친구들에게 알려준다. 이용자들은 'I'm at 버드나무집', 'I'm at 바른세상병원', '코오롱타워에 발도장 쿡!' 등과 같은 글을 남긴다. 스마트폰에 익숙하지 않은 세대들은 자신의 위치를 왜 다른 사람들에게 알려주려는지 얼핏 생각하면 이해가 잘 안될 수도 있다. 옛날 같으면 "내가 어디에 있는지 알리지 마라"는 것이 철칙이었는데 요즘엔 동네방네 소문을 내니 말이다.

결론부터 말하면 요즘 세대들은 자신의 생각과 조그마한 일상까지도 다른 사람들과 공유하고 싶어 한다. 특히 자신이 방문한 카페나 음식점에 대한 입소문을 내고 싶어 안달이 나 있다. 이러한 니즈를 파악한 포스퀘어는 스마트폰의 GPS 기능을 이용하여 친구들의 활동을 알 수 있게 해주고, 이러한 정보들을 통해서 특정 위치에 대한 각종 정보를 제공한다.

포스퀘어를 사용하는 방법은 아주 간단하다. 포스퀘어 홈페이지나 어플(애플리케이션)을 내려받은 후 회원가입을 하고 스마트폰을 이용해서 내가 있는 곳을 체크인하면 된다. 두 번째 탭의 'places'를 터치하면 근처에 있는 지명들이 쭉 눈앞에 펼쳐진다. 그동안 많은 웹이나 앱은 지역 개념 없이 전국의 불특정 다수인들이 이용했다. 그러나 포스퀘어에서는 스마트폰의 GPS 기능을 이용하여 이용자의 위치에 따라서 그 지역의 여러 정보를 주고받을 수 있다.

모처럼 강원도 여행을 가서 맛집을 찾고 싶다. 인터넷을 아무리 뒤져도 자신이 원하는 정보를 빠르게 찾을 수 없었던 경험이 있을 것이다. 맛집이라고 추천하기는 했지만 그것도 사람마다 전부 취향이 다르기에 누구 말을 믿어야 할지 혼란스럽기만 하다.

하지만 스마트폰에서 포스퀘어에 접속하는 순간 이런 고민은 사라진다. 현재 자신이 있는 위치와 결합되어 내 주변에 어떤 음식점이 있는지 그리고 음식점의 맛이나 친절도는 어떠한지를 한눈에 확인할 수 있다.

특히 포스퀘어의 '니어바이 팁'을 누르면 주변 업소에 대한 여러 팁을 볼 수 있는데, 이미 다녀간 이용자들이 남겨놓은 소감과 느낌을 생생하게 확인할 수도 있다. 뿐만 아니라 포스퀘어에서는 자신이 방문한 장소에 대해 글과 사진을 남겨놓을 수도 있다. 예를 들어 내가 OO횟집에 체크인을 하면서 "양은 적지만 정말 싱싱해서 좋아요"라는 글을 남긴다. 그러면 나중에 온 사람들은 먼저 다녀간 나의 글을 읽게 된다. 이런 글을 통해서 OO횟집에 대해서 정보들을 사전에 알 수 있는 것이다. 많은 사람들이 자신의 의견을 남겨 놓는 것에 큰 재미를 느낀다.

이처럼 포스퀘어는 위치를 기반으로 사용자가 더욱 매력을 느낄 수 있는 요소를 갖추고 있다. 또한 트위터가 제공할 수 없는 서비스까지 제공함으로써 더 큰 잠재력을 가지고 있는데, 트위터 사용자가 '무엇'을 하고 있는지에 집중했다면 포스퀘어는 GPS를 통해서 '어디서'부터 '무엇을'까지 확장했다고 말할 수 있다. 한마디로 포스퀘어는 공유의 범위를 한층 넓혀가고 있다.

위치 정보에 재미 요소를 추가하다

타임(Time)지는 2010년 웹에서 가장 많이 사용되는 단어로 '체크인'이 될 것이라며 포스퀘어에 주목했다. 유명 블로그인 'RWW' 역시 포스퀘어의 등장에 대해서 '위치'가 플랫폼이 되는 시대가 도래했다고 평가했다.

포스퀘어는 위치 정보를 이용하여 자신의 위치를 친구들에게 혹은 트위터, 페이스북과 같은 SNS에 공개하는 서비스라고 했다. 하지만 단순히 위치를 공개하는 것에 그치지 않고 '체크인'이라는 메뉴를 추가해 게임 기능을 입혔다. 바로 포스퀘어의 두 번째 특징으로서 위치 정보에 '게임기능'을 결합한 것이다.

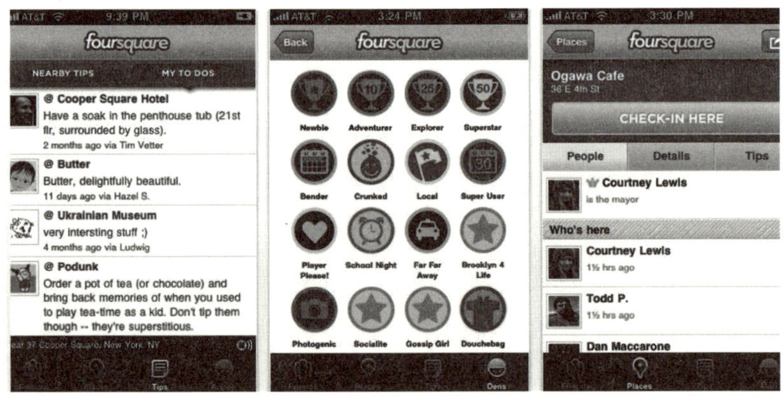

포스퀘어에서는 특정 업소(지역)를 가장 많이 체크인한 사람이 '메

이어(Mayer)'가 된다. 예를 들어 SK커뮤니케이션 3층 카페테리아의 경우, 아무게라는 사람이 현재 메이어이다. 이곳에 가장 많이 체크인한 사람이 메이어가 되는데, 만약 누군가 자신보다 더 많이 체크인하면 메이어의 자격을 뺏긴다. 일종의 땅따먹기 게임이라고 생각하면 쉽다. 자신이 방문한 지역에 메이어가 됨으로써 자신의 영역을 더 넓히는 영역 확장의 본능을 잘 살려서 포스퀘어에 빠져들게 한 것이다.

메이어가 되면 공짜 혜택이 생긴다. 예를 들어 커피숍의 메이어가 되면 공짜 커피를 제공하는 식인데, 실제 스타벅스는 메이어에게 할인 혜택을 주고, 도미노피자에서는 전국적으로 공짜로 피자를 준다.

현재 포스퀘어에서는 엄청난 사용자가 각국에서 자신의 영역을 열심히 넓히는 중이다. 특히 북극에 체크인하려는 사람이 등장해 화제다. 포스퀘어에서는 북극 체크인을 위한 특별 배지까지 제작해 지원에 나서고 있다. 첫 번째 주인공은 15살 소년인 파커 리어터드(Parker Liataud)이다. 만약 파커 리어터드가 북극에 먼저 도착하면 지금까지 북극을 정복한 가장 어린 친구가 됨과 동시에 최초로 포스퀘어를 통해 북극에 체크인을 하는 영광도 누리게 된다. 또 다른 한 명은 44세의 데이비드 뉴먼(David Newman)이라는, 영국에서 가장 큰 오토바이 보험회사 사장이다.

포스퀘어를 재미있게 해주는 또 하나의 기능은 바로 '배지'다.

이용자가 여기저기 열심히 체크인을 하면 그에 따라 다양한 배지(badge)를 받는다. 포스퀘어를 설치하고 가장 먼저 획득할 수 있는 'Newbie', 10가지 다른 장소를 체크인하면 'Adventurer', 25개 돌파 시 'Explorer', 동일 장소를 1주 안에 3번 체크인하면 'Local', 새벽 3시 이후에 체크인하면 받는 'School Night' 등 은근히 콜렉터 본능을 자극하는 다양하고 재미난 배지들이 차례대로 주어진다. 때로는 아주 기발한 배지도 생겨나는데, 이 배지를 모으는 재미도 상당하다.

포스퀘어의 공동창업자 겸 CEO인 데니스 크라울리는 "체크인 자체는 재미가 없다. 그 뒤에 숨어있는 요소. 즉 배지, 포인트, 메이어십(Mayorship), 그리고 쿠폰 같은 것들이 사용자들을 즐겁게 하는 것이다."라고 말했다.

위치 정보를 수익 모델로

트위터와 페이스북 등 유명 소셜네트워크서비스들은 현재 수익 모델을 찾는데 고심하고 있다. 2009년 하반기 트위터는 유료광고 서비스 도입을 예고했고 페이스북도 지난해 초까지 광고 이외에 별다른 수익 모델을 내놓지 못했다. 그렇다면 포스퀘어은 어떻게 해서 수익을 창출하는 것일까?

그동안 포스퀘어는 큰 수익이 없었다. 하지만 스타벅스, 뉴욕타임스, 월스트리트저널, C-SPAN 등 언론사까지 포함한 1만여 개 회사가 포스퀘어와 제휴하고 있다. 바로 포스퀘어의 잠재력 때문이다. 포털 및 SNS 업체들은 포스퀘어를 통해서 고객의 위치 정보를 확인할 수 있다는 점에 큰 점수를 주고 있다. 지금까지 위치기반서비스(LBS)는 포털들에게 막대한 광고와 마케팅 채널로 응용될 수 있었지만, 사용자들의 '위치 정보 이용 허락'을 받아야 한다는 개인정보 보호 문제가 있었다.

하지만 포스퀘어에서는 사용자들이 직접 자신의 위치 정보들을 보내고 있기에 개인정보 문제에서 자유로울 수 있다. 예를 들어 포스퀘어 사용자가 자신의 위치 정보를 보내는 순간 해당 지역에 있는 음식점들의 예약 현황을 서비스하거나, 근처 백화점에서 특별 할인 행사 공지를 띄울 수 있게 된다. 이를 이용하면 모바일 기기를 통해 바로 음식점을 예약하고 서비스를 제공하는 일대일 서비스까지 가능해진다. 계정 정보를 좀 더 세분화하면 성별, 연령별 맞춤 마케팅까지도 가능해진다. 그렇기에 많은 업체들이 포스퀘어와 제휴를 맺으려고 하는 것이다.

찰스 골빈 포레스트 리서치 애널리스트는 "포스퀘어는 제휴한 업체들과 광고주들이 가입자들을 겨냥해 마케팅할 수 있는 가치 있는 수단"이라고 분석했다. 또한 벤 호로위츠 공동 사장은 "포스퀘어는

10억 달러 이상의 회사로 성장할 수 있는 잠재성을 지녔다."고 말했다

포스퀘어(Foursquare)는 수익 모델을 발굴하기 위해 '업체 지원 기능'을 강화하고 나섰다.

첫째, 업체들은 간단한 승인 절차를 통해 인증을 받고 상점 정보를 기입, 수정할 수 있다. 포스퀘어에는 업소의 위치도 지도에 함께 표시되므로 모바일 홈페이지나 다름이 없다.

둘째는 자신의 상점에 들어오는 고객들의 데이터를 대시보드 형태로 볼 수 있다. 누가 많이 들어오는지 누가 새로 들어왔는지 누가 어떤 리뷰를 남겼는지 정리된 화면으로 볼 수 있다. 즉 'CRM Tool'을 제공받는 것이다. 업체 입장에서는 고객의 방문 빈도, 방문 시간, 성별, 행동 방식을 알 수 있는 유용한 마케팅 정보로 활용할 수 있다. 근처의 다른 가입자들에게 할인 혜택 등 상품 정보를 제공해 방문을 유도할 수도 있다.

마지막 셋째는 오프라인 상점에 붙일 수 있는 배지 형태의 스티커를 제공받는다.

외국의 경우 자기 가게에서 포스퀘어 체크인을 하라는 전광판까지 광고에 등장했다. 광고에는 이 음식점의 메이어에게 무료로 술을 제공하겠다는 내용을 담았다. 점주는 많은 사람들이 자신의 술집을 체크인하게 하고 그 기록을 자꾸 친구들에게 알리게 함으로써 자동으로 술집 광고가 되는 효과를 노린다. 게다가 손님들은 공짜

술을 위해 메이어가 되려고 이 술집을 더 자주 방문하게 된다.

국내에도 포스퀘어를 마케팅에 활용한 업체들이 생겨나고 있다. 미스터피자는 2010년 5월, 업계 최초로 포스퀘어 서비스를 활용한 새로운 방식의 서포터즈인 '미스터피자 메이어'를 모집했다. '미스터피자 메이어'는 미스터피자 관련 트윗 생성 등 온라인 활동과 더불어 미스터피자 신제품, 매장 체험 및 미스터피자 마케팅 아이디어 공모 활동 등 오프라인 활동도 함께 하고, 매월 소정의 활동비와 미스터피자 무료 시식권이 제공된다.

현재까지 포스퀘어의 수익은 미미하지만 그 잠재력은 무한하다. 소비자에게 정보를 제공하고 기업으로서는 광고를 돕는 비즈니스 모델로도 발전할 수 있을 것이다.

하버드 천재가 만든
네크워크 세상

facebook

소셜네트워크서비스(SNS) 열풍의 중심부에 페이스북이 자리 잡고 있다. 페이스북은 인터넷이나 모바일 환경에서 다양한 사람들끼리 소식과 사진 등을 주고받으며 교류할 수 있는 서비스이다. 우리나라 싸이월드와 비슷하다고 생각하면 무난하다. 페이스북은 잃어버렸던 친구나 가족을 찾아줄 뿐 아니라 비즈니스 세계에서는 주요 정보를 교환하는 창구로도 애용된다.

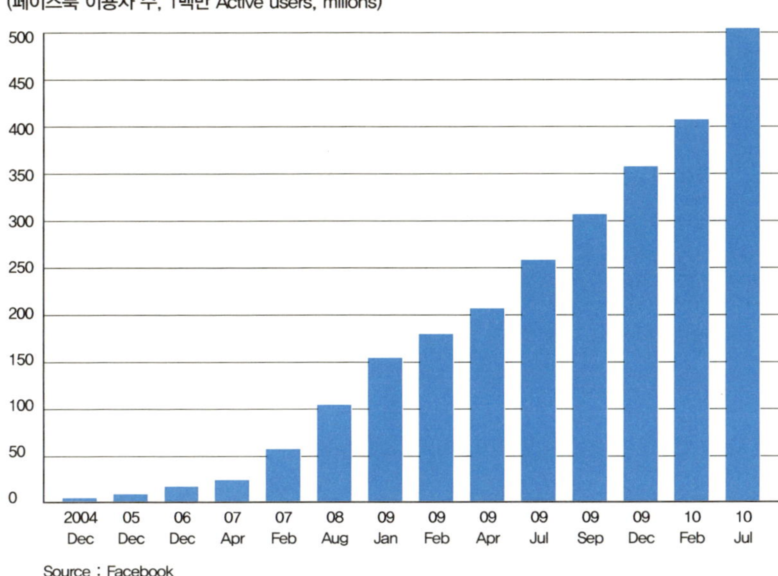

페이스북은 2004년 하버드대학의 재학생이었던 마크 주커버그 (Mark Zuckerberg)가 교내 학생들을 서로 연결해 주는 사이트를 만든 것이 시초였다. 이후 페이스북은 이탈리아, 체코, 인도네시아 등 전 세계 수많은 국가들로 퍼져나갔다. 이렇게 하버드대학을 뛰어넘어 전 세계로 퍼져나가면서 2010년 12월 이용자가 6억 명 가까이 됐다. 세계 인구가 68억5,000여만 명인 것을 감안하면 지구촌 14명 중 한 명은 페이스북을 사용한다는 의미이다.

한국의 페이스북 사용자도 2010년 12월 현재 200만 명을 넘어선 것으로 알려졌다. 유한회사 형태로 국내에 지사를 설립하였는데,

회사명은 페이스북코리아(Facebook Korea Limited)로 법인 등기를 발급 받았다. 페이스북의 본격적인 국내 진출 신호탄이라는 점에서 포털 사이트들은 긴장의 끈을 바짝 조이고 있다.

그런데 페이스북이 승승장구하는 모습을 보는 국내 벤처인들은 씁쓸함을 숨기지 못한다. 페이스북이 대표하는 소셜네트워크서비스(SNS)의 뿌리가 바로 한국에

서 나왔기 때문이다. 미국 SNS들은 창업 과정에서 '아이러브스쿨' 등 한국의 사회관계망 서비스를 벤치마킹했으며, 싸이월드가 선보인 '도토리' 등 유료화 성공 사례를 보면서 꿈을 키웠다. 하지만 한국의 '싸이월드'가 미국에 진출했다가 별다른 성과를 이뤄내지 못하고 철수한 것에 비한다면 페이스북은 아주 놀라운 결과를 보여주고 있다.

페이스북이 점점 성장하면서 많은 미디어 기업이 촉각을 곤두세우고 있다. 2006년 1월 미국의 미디어 그룹 중 하나인 바이어컴은 "7억500만 달러에 페이스북을 인수하겠다."고 나섰다. 하지만 오히려 주커버그는 "20억 달러를 달라"고 받아쳤다. 물론 거래는 성사되지 않았다.

'미디어 황제' 루퍼트 머독 뉴스코퍼레이션 회장 역시 페이스북에 눈독을 들였다. 하지만 머독의 유혹에도 그의 대답은 "아니올시다."였다. 온라인 광고 시장 장악을 위해 닷컴 기업들도 '페이스

북 인수'를 놓고 경쟁을 벌였다. 주커버그는 페이스북을 10억 달러에 인수하고 싶다는 야후의 제안을 "충분하지 않다."며 뿌리쳤다. 호시탐탐 페이스북을 노리던 구글과 MS에도 그의 반응은 마찬가지였다. 다만 MS가 지분 1.6%를 인수하는 대가로 페이스북에 2억 4,000만 달러를 투자했을 뿐이다.

많은 기업들이 페이스북에 눈독을 들이는 것은 바로 신문, 방송에 이어 소셜네트워크서비스가 '미래의 미디어'로 각광받을 것이라 판단했기 때문이다. 2010년 3월 페이스북은 미국 시장에서 난공불락의 성이었던 검색엔진 '구글'의 방문자 숫자를 추월했다. 당초 인터넷 전문가들은 페이스북이 구글을 이길 수 없으리라 예측했다. 페이스북은 인간관계를 맺어주는 간접 서비스이고, 구글은 정보를 찾아주는 직접 서비스로 분야가 다르다고 판단했기 때문이었다. 하지만 지금의 페이스북은 구글마저 위협하고 있다.

전문가들은 페이스북을 애플, 구글과 함께 뉴미디어 시대를 이끌 주역으로 손꼽는다. 현재 페이스북은 구글을 넘어 No.1 인터넷 서비스로 발돋움하고 있다. 경제전문지 포춘은 페이스북의 가치가 현재까지 300억 달러(한화 35조5,000억 원 상당)에 달한다고 했는데 앞으로 2~3년 내 500억 달러(59조 원 상당)는 될 것으로 추정했다. 페이스북이 이처럼 거대한 기업으로 성장할 수 있었던 이유는 무엇일까?

인문학적 DNA로 페이스북을 만들다

페이스북의 CEO인 마크 주커버그에 대해서 살펴보면 첫 번째 비결을 찾을 수 있다.

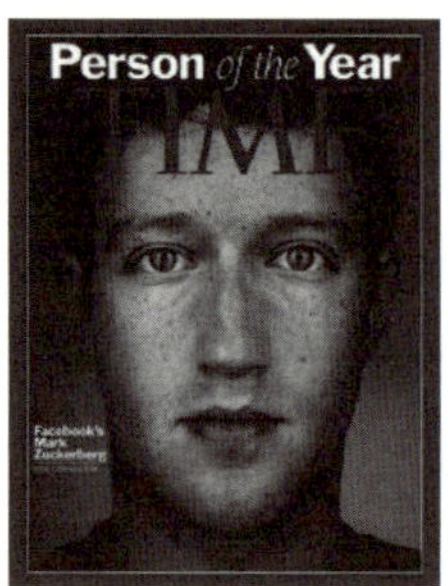

그는 지금 세계 IT 업계에서 가장 핫한 '스타 최고경영자(CEO)'다. '세계 최연소 억만장자'부터 '하버드대 출신 천재', '제2의 빌 게이츠', '글로벌 소셜네트워크서비스(SNS) 혁명가'까지 그를 설명하는 수식어는 셀 수 없이 많다. 시사 주간지 타임(Time)은 2010년 '올해의 인물'로 주커버커를 선정했다. 끊임없이 논쟁을 불러일으키는 이슈 메이커, 마크 주커버그의 행적을 보면 페이스북 성장에 대한 힌트를 얻을 수 있다.

그는 1984년 미국 뉴욕의 유대인 가정에서 태어났다. 치과 의사인 아버지와 정신과 의사인 어머니 사이의 1남3녀 중 둘째다. 그의 누나와 여동생들 역시 수재로 통했다. 주커버그의 누나인 란디 주커버그는 현재 페이스북의 시니어 마케터로 일하고 있다.

그는 어린 시절부터 그리스·로마 신화를 즐겨 읽었다. 명문 고교인 필립스 엑스터 아카데미 재학 시절엔 고전과 라틴어에서 두각을 나타냈다. 이때 만든 컴퓨터 게임도 율리우스 카이사르가 등장하는 고대 로마가 배경이었다. 대학에서는 호머의 전쟁 서사시 『일리아드』를 줄줄 외우고 다녔고, 요즘도 연설을 할 때면 "사람들이 당신의 이름을 기억할 것이다"는 등의 고전을 자주 인용한다.

2002년 하버드대에서 주커버그는 컴퓨터공학과 함께 전공으로 심리학을 택했다. 그는 '뉴요커'와의 인터뷰에서 심리학을 공부한 이유에 대해 "사람들이 가장 흥미를 갖는 것은 다른 사람들"이라고 설명했다. 한번 빠져들면 사용을 멈출 수 없는 서비스를 창조한 힘도 결국 인간에 대한 통찰에서 비롯된 것이다.

그는 1년 후 친구들과 함께 페이스북의 전신인 페이스매시(facemash) 사이트를 하버드대 내에 개설했다. 학생들 사진을 올려놓고 누가 더 매력적인지 투표하도록 만든 사이트였다. 학생들의 관심은 폭발적이었다. 사이트를 개설한 지 수시간 만에 450명의 학생이 몰려 2만2,000여 회의 투표가 진행됐다. 모범생이나 답답한 책상물림들은 시도할 수 없는, 아주 엉뚱한 장난이었다. 대학은 즉각 사이트 차단에 나섰다. 교내 홈페이지에서 다른 학생들의 사진을 무단으로 내려받아 사용한 것은 지적재산권 및 프라이버시 침해였다. 하버드대 교내 신문 〈하버드 크림슨〉은 페이스매시에 대해 "하버드대생의 가장 나쁜 면모와 영합했다.”고 보도했다. 투표가 여학생들을 대상으로 이뤄지다보니, 성차별주의 및 인종주의에 대한 비판도 거세게 제기됐다. 주커버그는 자진해서 해당 사이트를 폐쇄하며, 간신히 퇴학 위기를 모면했다.

이후 주커버그는 크리스 휴즈, 더스틴 모스코비츠와 함께 페이스북을 만들었다. 그런데 이들의 조합이 흥미진진하다. 주커버그는 심리학과 컴퓨터 공학, 휴즈는 문학과 역사, 모스코비치는 경제학을 전공했는데, 어떻게 보면 페이스북은 전혀 연관성이 없는 3사람이 탄생시켰다. 하버드대 재학생을 온라인으로 연결한 이 사이트는 이용자가 각자의 사진과 프로필, 연락처를 남기며 인맥을 쌓도록 만들어졌다. 논란이 된 페이스매시의 기능을 없애고, 학생들이 자발적으로 사진을 올리도록 유도해 지적재산권 침해 논란도 피했다. 이후 페이스북은 하버드대를 뛰어넘어 두 달 만에 미국 전역의 대학으로 확산되며 폭발적 인기를 누렸다.

프라이버시보다 소통이다

처음 페이스북의 웹사이트(www.facebook.com)를 들어가 본 사람은 당황한다. 간단한 화면에 로그인(Login)을 하라는 내용만 나온다. 우리나라 포털의 모습과는 한참 거리가 멀다. 실명으로 로그인하기 전까지는 아무 것도 볼 수 없다. 심지어 로그인을 하고도 친구가 생

기기 전까지는 자신의 글 이외에 나타나는 것은 하나도 없다.

하지만 친구와 연결된 이후에는 놀라운 세계가 펼쳐진다. 페이스북의 똑똑한 기능 중 하나는 이용자가 입력한 데이터베이스를 바탕으로 지인(知人)을 정확하게 찾아낸다는 점이다. 페이스북 이용자라면 연락이 끊긴 친구나 외국 출장에서 알게 된 비즈니스 파트너 등을 만난 경험이 있을 것이다. 이는 가입할 때 이용자가 넣은 e-메일 주소, 페이스북 친구들, 친구의 친구들, 출신학교 정보 등을 분석해 친구를 자동으로 추천해주기 때문이다.

페이스북은 친구를 맺고 서로 이야기하는 것에 모든 기능이 맞추어졌다. 누군가와 친구가 되면서 개인의 프로필이 살아나고, 친구를 맺은 이들과는 사생활을 공유하게 된다. 친구들의 일거수일투족이 마치 서로 마주 앉아서 대화를 나누는 것처럼 느껴진다. 누가 누구에게 선물을 했는지, 누구누구의 글에 댓글을 남겼는지도 알 수 있다. 친구가 된 사람들의 생각과 행동의 정보를 개방하고 공유한다.

어떻게 보면 싸이월드의 미니홈피와 비슷하다고 느낄 수도 있다. 하지만 싸이월드와 비슷한 미니홈피로 6년 만에 이용자가 5억 명을 돌파했다는 게 믿어지지 않는다. 페이스북은 단순히 사진이나 글을 올려 친구들과 공유하는 미니홈피가 아니다. 글, 사진, 동영상 등을 올려 친구들과 공유한다는 점에서는 싸이월드와 비슷하지만 이것들이 다가 아니다. 페이스북은 친구와 친구를 연결해주는 것으로 안주하지 않았다.

뉴스 서비스(친구들의 근황을 자동으로 업데이트해주는 서비스), 플랫폼 서비스(프로그래머들이 각종 페이스북용 프로그램을 개발하도록 하는 서비스) 등을 선보이며 더 많은 사람들을 끌어들였다. 이용자는 원하는 걸 가져다 쓰기만 하면 된다. 게임을 즐기고, 뉴스를 읽고, 트위터에 글을 올리고, 친구가 올린 글이나 사진에 댓글을 달고… 웬만한 인터넷 서비스는 페이스북 안에서 이용할 수 있다. 가입자는 자신의 경험과 이야기를 자유롭게 올려 다른 사람들과 공유할 수 있고, 다른 사람들의 이야기도 읽을 수 있는 쌍방향 서비스를 경험한다.

그렇다면 트위터와는 어떤 점이 다른 걸까? 트위터는 다중과의 접촉 창구라는 성격이 강한 반면, 페이스북은 지인들끼리의 교류에 적합하도록 만들어졌다. 또한 트위터는 자신의 이야기를 들려주는 사람과 자신이 이야기를 듣는 사람이 다른 경우가 대부분인 반면 페이스북은 이 둘이 동일하다. 그리고 이 대화 상대도 자신이 원해서 선택한 사람들이다. 남에게 트위터로 공개하기 어려운 사적인 이야기를 지인들끼리 부담 없이 주고받을 수 있다.

페이스북의 공동창업자인 휴즈는 페이스북이 전 세계적으로 인기를 끌 수 있었던 배경을 "이용자가 스스로 정보 통제권을 갖고 있기 때문"이라고 분석했다. 휴즈는 "스스로 정보에 대한 통제권을 가진 사람들은 더 많은 정보를 개방하려 했다."며 "페이스북은 실제 알고 있는 사람들이 네트워크를 맺어 가는 방식을 택했다는 점에서 정보 공유에 대한 부담감이 작았다."고 말했다.

페이스북은 어쩌면 하나의 사교용 인터넷 서비스로 그칠 수도 있었다. 하지만 주크버그는 '세계를 연결하는 도구'로 진화시켰다. '페이스북'의 계획은 시간과 공간을 초월한 사람과 사람의 연결이다. 구글이 인터넷 검색 엔진으로 성공을 이뤄냈다면 '페이스북'은 개개인의 사생활을 연결해 '인간 네트워킹'을 이뤄내겠다는 포부를 갖고 그 꿈을 실현해가고 있다.

잡스의 방법을 응용하다

대개의 경우 커뮤니티 서비스는 후발주자가 선발주자를 추월하는 것이 거의 불가능하다. 하지만 이 불가능할 것만 같았던 일이 페이스북을 통해 일어났다. 그것도 공식 서비스를 시작한 지 불과 2년밖에 안 된 신출내기다. 페이스북의 어떤 점이 한동안 절대 깨지지 않을 것 같았던 마이스페이스를 누르고 1위를 탈환할 수 있었을까?

페이스북이 등장하기 전 마이스페이스는 이미 2억 명의 고객을 확보하고 있었다. 언론 재벌인 뉴스코퍼레이션의 머독(Murdoch)은 7,000억 원을 들여서 마이스페이스를 인수했다. 하지만 머독이 인수한 후 수익을 내는 모델에 치중하면서 새로운 서비스 개발에 소홀했다.

이와 달리 페이스북은 늦게 출발했지만 친구 기능을 강조하는

SNS 모델을 강조했고 계속해서 새로운 기능과 서비스를 추가했다. 마이스페이스는 자신을 불특정 다수에게 보여주는 서비스이다. 친구의 개념이 있긴 하지만 그 의미가 크지 않다. 자료를 올리지 않고 남의 자료를 보기만 한다면 로그인하지 않아도 사용하는 데 크게 불편하지 않다.

이에 비해 페이스북은 로그인하기 전까지는 아무것도 볼 수 없다. 심지어 메인 페이지의 개념도 없다. 로그인 후에도 친구로 맺은 사람의 프로필만 볼 수 있으므로 친구로 맺은 사람이 없다면 다른 사람의 어떤 정보도 볼 수 없다.

하지만 누군가와 친구가 되면 이야기가 완전히 달라진다. 친구들과 사생활을 완전히 공유한다. 친구가 페이스북에서 한 모든 행동을 알 수 있다. '친구가 어느 동호회에 가입했는지', '친구가 누구와 어떤 대화를 주고받았는지', '개인 정보를 어떻게 수정했는지', '누구와 새롭게 친구를 맺었는지' 등의 정보가 완벽히 공유된다. 이는 '당신의 친구가 어느 동호회에 가입했으니 너도 가입해 봐~', '당신의 친구가 누구와 어떤 대화를 주고받았는지 너도 확인해 봐~', '친구가 개인 정보를 변경했으니 확인해 봐~', '네 친구가 새로운 친구를 만났는데 너가 아는 사람일 거야~' 등으로 끊임없이 자신에게 연락을 취해온다. 이렇게 친구들끼리 사생활을 공유하다 보니 페이스북은 친구가 몇 명만 생겨도 빠져 나오기가 쉽지 않다. 며칠만 사용하지 않아도 친구에게 무슨 일 생겼냐고 전화가 올 정도이다.

　페이스북이 특히 주안점을 두고 개발한 기능들은 고객이 친구들과 같이 즐길 수 있는 다양한 애플리케이션이었다. 친구에게 선물하는 생일카드는 5천만 명이 이용하는 간단한 애플리케이션이고 각종 소셜 게임을 개발하여 친구들과 같이 즐기게 했다. 게임의 종류도 젊은이뿐만 아니라 중·장년들이 즐길 수 있도록 쉽고 재미있는 게임을 많이 만들어서 다양한 연령대를 포용했다.

　마이스페이스는 24세 이하가 43%이고 50세 이상은 9%에 불과하지만, 페이스북은 35~49세가 31%이고 50세 이상도 상당수여서 전 연령대의 사랑을 받고 있다고 볼 수 있다. 미국 인구의 42% 이상이 페이스북을 이용하고 있지만 전체로 보면 미국 이외의 나라에서 60%가 이용되고 있다. 미국 다음으로 페이스북 고객 숫자가 많은 나라는 영국으로 총인구의 45%가 이용하고, 3위는 인도네시아로 3,000만 명 정도가 페이스북을 이용하고 있다. 페이스북은 연령대로도 10대에서 60대까지 지역적으로도 전 세계의 5억 명 정도가 이용하면서 이용시간이 길다는 특징을 가지고 있다.

　페이스북은 2010년 8월에 이용시간 부문에서 구글(Google)을 누르고 1위를 차지했다. 시장조사업체 결과에 따르면 페이스북 사이트에서 총 4,110만 분(9.9%)를 쓰고 있어서 구글의 3,980만 분을 넘어섰다.

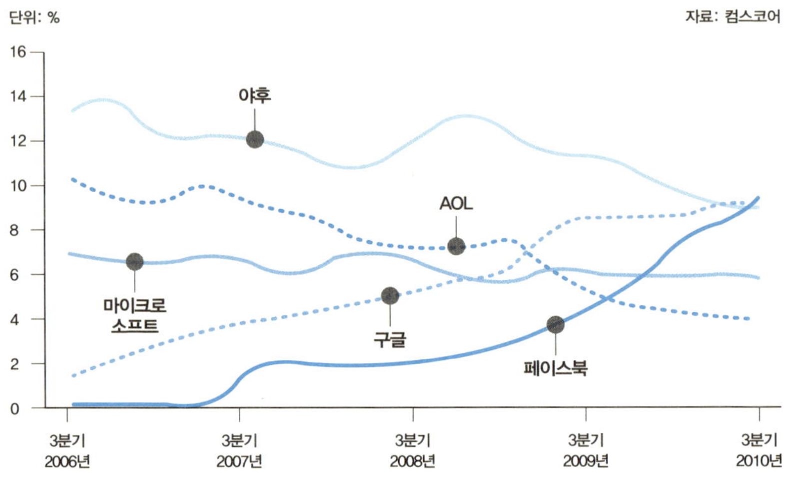

2010년 10월 기준 페이스북의 이용자는 5억3,530만 명 이상으로 인구로 치면 세계 3위에 해당하고, 인당 그리고 총 이용시간 모두 구글을 누르고 온라인 통합 챔피언(미국 기준)에 올랐다.

그렇다면 페이스북의 주요 고객들은 누구일까? 얼마 전 DDB월드와이드는 흥미로운 조사 결과를 발표했다. 프랑스, 영국, 이태리, 미국, 호주, 칠레 등 6개국 1,642명의 브랜드페이지 팬을 대상으로 한 달간에 걸쳐 온라인 조사를 했다. 그 결과 페이스북 이용자의 평균 연령은 31세, 여성의 비율(55%)이 남성보다 높았으며 하루에도 여러 차례 페이스북을 이용하는 하드 유저 비중도 43%나 차지했다.

이처럼 고객의 숫자가 많고 오래 머문다는 것은 기업에게는 최고의 경쟁력이다. 페이스북에서는 대부분의 서비스가 공짜이다. 고객들이 자유롭게 다양한 애플리케이션을 이용할 수 있다. 고객을 오래 머물게 하기 위해 간단하고 재미있는 게임들도 만들어서 올려놓았다. 이 게임들마저도 공짜이나 조금 더 재미있게 해주는 아이템은 유료이다. 고객들이 이 유료 아이템을 많이 구매할수록 페이스북의 수입도 증가한다. 고객 입장에서는 페이스북이 무료 서비스처럼 보이지만 광고비와 유료 서비스 수수료는 2010년에 6억 달러를 넘어서 전년 대비 40% 성장하고 있다.

2007년까지만 해도 페이스북은 SNS 분야에서 선발인 마이스페이스보다 뒤에 있었다. 하지만 2007년 잡스의 방식을 채택하면서 역전하게 된다. 애플이 고객에게 앱스토어를 개방해 애플리케이션을 풍성하게 만든 것처럼, 페이스북도 2007년에 'F8'이라는 오픈 API 전략을 발표했는데, 이것은 누구라도 페이스북에서 공개하는 API(Application Programming Interfare)를 이용해 애플리케이션이나 유틸리티를 개발할 수 있다는 뜻이었다.

페이스북에서는 누구나 애플리케이션을 개발할 뿐만 아니라, 가입자 DB에 대한 접근을 허락하고, 페이스북 사이트 내에서의 수익 사업 전개가 가능하다. 기존 SNS가 아웃링크 방식의 수익 창출이 가능했다면, 페이스북에서는 애플리케이션 개발과 운영을 통해 내부적으로 수익 창출이 가능한 것이다. 외부 개발자는 페이스북 사이트 내 일정 인벤토리에서의 애플리케이션 운영을 통해 판매, 구독, 광고 등의 다양한 방식으로 수익을 창출할 수 있는 것이다. 기존의 SNS 서비스들과 다른 새로운 접근방식이라 할 수 있다

페이스북의 이러한 정책은 큰 호응을 얻었고 사용자들은 스스로 개발자와 서비스 제공자가 되어 재미있고 유용한 콘텐츠를 만들기 시작했다. 이후 페이스북은 단순한 SNS가 아니라 플랫폼 회사로 변신해 나아갔다. 플랫폼(Platform)은 철로와 기차역과 같은 개념이다. 공짜로 철로를 깔아놓고 기차역을 만들어 놓으면 개발자나 서비스 업체들이 자신이 팔고 싶은 애플리케이션이나 유틸리티를 개발해 철로 위를 달리게 하고 기차역에서 판매하도록 한다. 페이스북이 플랫폼을 만들고 오픈 API 정책을 쓰자 수많은 개발자들이 페이스북용 애플리케이션을 개발하기 시작했다. 페이스북을 플랫폼화하여 수많은 애플리케이션이 올라왔는데, 현재 페이스북에는 80만 개가 넘는 애플리케이션이 있다. 애플리케이션을 이용하면서 생기는 수익의 30%는 페이스북이 가진다. 이는 애플이 앱스토어에서 거래된 금액의 30%를 수익으로 하는 것과 같은 방식이다.

페이스북에는 다양하고 재미있는 무료 애플리케이션이 많아 회원 숫자 또한 비례해서 폭발적으로 늘게 되었다. 회원 수가 1억 명까지 되는데 4년이 걸렸고 오픈 API 정책을 쓴 이후에는 1년마다 2억 명 정도씩 늘어나서 2010년 상반기에 5억 명을 넘었다.

결국 페이스북은 'F8'이라는 오픈 정책을 통해 마이스페이스를 제치고 1위로 올라서게 되었다. F8이라는 인터페이스를 이용해서

페이스북용 소셜 게임들이나 소셜 애플리케이션들이 다양하게 제
공되는데, 이는 곧 페이스북이 하나의 오픈 플랫폼으로 그 안에서
체류하는 사람들이 점점 많아지고 있다는 것을 말해준다.

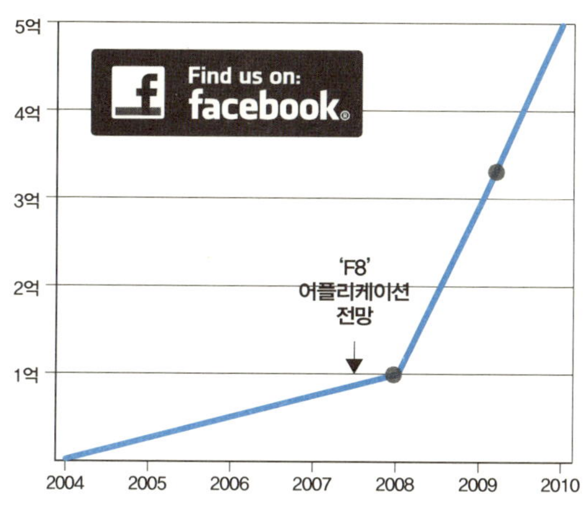

그런가하면 '페이스북 커넥트(Facebook Connect)' 기능 역시 페이
스북이 마이스페이스를 제치고 SNS의 절대강자로 만든 일등공신
이다. 이 서비스는 페이스북과 제휴한 타 사이트에서 페이스북 계
정으로 로그인하여 쓸 수 있게 만든 것이다. 그래서 트위터 등 다른
사이트에서 페이스북 계정으로 로그인한 뒤 글을 쓰면, 해당 사이
트뿐 아니라 페이스북에도 글이 올라간다. 물론 타 사이트에서 페
이스북으로 맺어진 친구의 활동 정보를 볼 수도 있다. 내 친구가 이
사이트에서 이런 활동을 하고 있구나 즉 페이스북이라는 울타리가

아닌 다른 장소에서도 친구를 만나는 것이다.

현재 인터넷 서비스 시장에서 뜨고 있는 대부분의 서비스들이 페이스북과 연동돼 있다. 서비스 업체들은 페이스북의 사용자를 끌어올 수 있는 이득이, 페이스북은 '오픈 플랫폼' 정책만 펴고 있으면 업체들이 알아서 서비스를 붙이니 서로 윈윈하는 것이다. 유튜브, 플리커, 포스퀘어, 트위터, 판도라, 래스트에프엠(last.fm) 등 유명한 서비스들이 모두 페이스북과 연동하고 있다.

그래서 유튜브에서 '좋아요' 버튼을 클릭하면 페이스북에 사용자가 '좋아요'를 언제 했는지 기록이 남고, 길을 걷다가 카페에 들어가서 포스퀘어를 통해 '체크인'을 해도 페이스북에 그 기록이 남는다. 소셜 게임이나 스마트폰용 게임을 해도 게임을 했던 정보 역시 모두 페이스북으로 전송이 가능하다. 사진이나 동영상도 페이스북 애플리케이션이나 트위터를 통해 업로드가 가능하다. 페이스북 자체가 하나의 거대한 플랫폼이라는 얘기다.

현재 페이스북은 사이트를 개방해 누구나 프로그램을 개발할 수 있게 만들어 단순한 SNS 서비스가 아니라 컴퓨터 운영체제(OS) 수준으로 격상시켰다는 평가를 받고 있다.

Part 3

비즈니스모델 전쟁의 전투 수칙

Biz
Model
War

비즈니스에 날개를
달아주는 '개방성'

구글(Google)의 설립자인 레리 페이지(Larry Page)와 세르게이 브린 (Sergay Brin)은 스탠퍼드대학원에서 박사과정 중에 만났다. 페이지와 브린은 모두 부모가 대학 교수였기에 캠퍼스 분위기에서 성장했다. 박사 과정 중에 구글을 설립해서 기업체에서 근무해 본 경험이 없다. 두 사람은 구글을 설립할 때부터 어떻게 하면 유능한 사람을 뽑고 동기부여를 할 수 있는지 기업의 사례가 아니라 대학에서 찾았다. 이런 이유로 구글은 회사를 컴퍼니라고 하지 않고 캠퍼스라고 한다.

페이스북(Facebook)의 설립자인 마크 주커버그(Mark Zukerberg)는 하버드대학을 다니다가 페이스북을 만들었다. 주커버그도 대학 교수였던 부모 밑에서 자라 어린 시절부터 자유스러운 캠퍼스 분위기에 익숙했다. 통제하고 관리하는 기업의 분위기는 거의 모른다. 주커버그도 대학교 친구들이 모여 대학 동창회 명부를 만들고 이들과 커뮤니케이션하는 방법을 생각하면서 페이스북을 만들었다. 구글이나 페이스북의 설립자는 기업체에서 근무한 경험이 없기 때문에 효율과 통제의 기업체 DNA를 전수받을 기회가 없었다. 주커버그의 개방적인 DNA는 페이스북의 운영에 그대로 반영되고 있다. 그런데 페이스북의 성공을 보면서 많은 이들이 우리나라의 싸이월드를 떠올린다.

마이스페이스 등 외국 SNS 사이트가 벤치마킹할 정도였던 싸이월드는 2005년 10월 미국 법인을 설립하고 현지 진출을 준비했다. 2007년 8월 정식 서비스에 들어간 싸이월드는 고유한 브랜드 이미지를 최대한 유지하는 동시에 미니미, 선물가게, 브라우저 호환성 등에서 현지 이용자들의 기호를 반영했다. 서비스의 핵심 개념인 일촌은 '이웃'(neighbors)으로 바꾸고 미국 내 경쟁 서비스보다 강력한 개인정보 보호 장치, 세련된 사용자환경(UI)과 부가서비스로 무장했다.

그러나 서비스 시작 이후 가입자 수가 수십만 명 수준에 머물면서 별다른 반향을 얻지 못했고, 결국 2008년 12월 신규 회원 가입을 중단하면서 서비스를 마무리했다. 싸이월드는 왜 외국에서 좀처럼 활로를 뚫지 못할까? 검색보다 더욱 게임성을 갖추고, 지역성

못지않게 글로벌 시장에서 통할 만한 서비스를 갖고도 외국 시장에서 고전하는 이유는 무엇일까?

전문가들은 실패 요인 중 하나로 '폐쇄성'을 꼽고 있다. 페이스북은 2007년 5월 F8이라는 개방 전략을 발표하면서 '고도 성장' 모멘텀을 마련했다. 이를 기점으로 1년 만에 트래픽은 2배, 회원 수는 약 4배까지 늘어났다. 마이스페이스를 누르고 전 세계 1위 SNS로 등극하는 원동력이 됐다. 트위터도 개방을 서비스 제1 원칙으로 세우고 새로운 생태계를 구축했다. 트윗덱, 트윗버드 등 트위터 기반 1만 여 응용 프로그램이 탄생할 수 있었던 것도 모두 개방 정책 덕이다.

싸이월드는 개방에 인색했다. 싸이월드 서비스를 진두지휘했던 한 관계자는 "싸이월드 사이트가 웹 표준을 따르고 있지 않아 개방 자체가 어려웠다."고 털어놨다. 당연히 소셜 네트워크가 성장하는 데 핵심인 자생적 생태계 구축에 실패할 수밖에 없었다.

트위터나 페이스북은 개방형 서비스를 도입했고, 비교적 단문이나 간단한 콘텐츠 위주로 소통하는 점이 모바일 디바이스에 최적화돼 있었다. 반면 싸이월드는 폐쇄적이고 관리에 시간을 들여야 했다. 실제 20대 여성 사용자 위주의 싸이월드와 달리 페이스북이나 트위터는 관리에 큰 시간을 들이지 않는 30대 이상 남성 사용자 비중이 상대적으로 높은 것으로 알려졌다. 만약 싸이월드가 페이스북처럼 좀 더 일찍 개방형 서비스를 도입했다면 싸이월드는 아마 전 세계인이 이용할 수 있는 서비스가 되었을 것이다.

그런가하면 이러한 개방형 전략이 중요함을 보여주는 사례는 또 있다. 2008년은 닌텐도(Nintendo)의 해라고 할 정도로 닌텐도 게임기는 전 세계에서 날개 돋친 듯 팔려나갔다. 화면이 두 개인 '닌텐도DS'는 남녀노소 할 것 없이 어디에서나 게임을 즐기게 했다. 그래서 지하철을 타면 젊은 여성들이 손에 닌텐도 DS를 들고 게임에 몰입하는 모습을 쉽게 볼 수 있었다. 닌텐도DS는 전 세계적으로 1억 대 이상이 팔렸고, 게임팩(Pack)도 엄청나게 팔려 막대한 수익을 가져다주었다. 가정용 TV 게임기 위(Wii)가 연이어 성공하면서 닌텐도는 게임기 시장에 독보적인 위치를 차지했다.

닌텐도의 이러한 성공에 자극을 받아서 대통령이 "왜 우리는 닌텐도 같은 것을 만들지 못하느냐"라고 질문을 하기도 했다. 국내 회사들도 닌텐도와 비슷한 속칭 '명텐도'라는 것을 만들었지만 히트하지는 못했다. 하드웨어는 비슷하게 만들 수 있지만 게임 소프트웨어가 재미없기 때문이다. 닌텐도의 성공은 하드웨어와 함께 킬러 콘텐츠를 개발한 데 있다. 슈퍼마리오, 포켓몬스터 등 어린이나 청소년들이 죽고 못 사는 킬러 콘텐츠가 있기 때문에 소니(Sony)나 마이크로소프트(MS)도 닌텐도를 이기지 못하고 있다.

닌텐도는 게임 소프트웨어를 외부 개발회사(3rd Party)와 협력해서 개발한다. 하지만 선택된 일부의 회사에게만 기술을 공개하고 그에 맞는 소프트웨어를 개발할 수 있도록 했다. 소프트웨어 회사가 게임을 만들려면 닌텐도의 검수를 거쳐야 했다. 완성된 게임도 닌텐도의 기준에 맞지 않으면 발매되지 못했다.

닌텐도의 폐쇄적 정책은 소프트웨어 개발자의 불만을 샀다. 게임 팩을 판매할 때도 자신이 통제할 수 있는 유통망만을 선택하여 공급하기 때문에 할인 없이 팔 수 있다. 그동안 닌텐도는 자신들이 통제하는 개발사를 통해 양질의 게임을 개발해 통제된 유통망을 통해 고가로 판매한다는 폐쇄 전략을 유지해왔다.

하지만 닌텐도의 이런 폐쇄형 전략은 큰 도전을 받고 있다. 스마트폰의 등장으로 게임 시장은 요동치면서 닌텐도는 빨간 불이 켜졌다. 그런데 닌텐도의 독주에 제동을 건 경쟁자는 게임기가 아닌 아이폰이었다. 과거 닌텐도의 경쟁자는 게임기를 만들던 소니와 마이크로소프트였다. 하지만 지금의 경쟁자는 바로 애플이다. 애플이 게임기를 개발하지는 않지만 아이폰의 게임 애플리케이션이 많아지면서 고객들은 닌텐도DS 대신 아이폰 게임을 즐기게 된 것이다. 애플의 앱스토어에는 25만 개의 앱(App) 중에 30% 정도가 게임이다. 아이폰이나 아이팟터치를 가진 고객들은 앱스토어에서 한두 개씩 게임 앱을 다운받아 이용하면서 닌텐도DS만큼의 재미있는 게임이 있다는 것을 알게 된 것이다. 결국 아이폰 고객이 전통적인 게임의 이용 시간을 대체하고 있는 셈이다.

이제 젊은이들은 지하철에서 닌텐도DS 대신에 아이폰을 쥐고 있다. 스마트폰의 게임들이 닌텐도의 게임보다는 덜 재미있다 하더라도 잠깐씩 하는 게임이나 소셜 네트워크 게임을 할 수 있다. 아이폰을 가진 사람은 적은 돈으로 언제 어디서든 원할 때 게임을 즐길 수 있어 굳이 닌텐도의 단말기나 게임팩이 필요 없어졌다. 상황이 이렇게 바뀌다보니 닌텐도DS의 매출은 전년 대비 40%나 감소해 버렸다.

블룸버그통신은 휴대폰이 기능과 화면 등 성능이 더욱 좋아진 스마트폰으로 거듭나면서 닌텐도와 소니의 독자적인 지위가 흔들리고 있다고 전했다. 미국 시장조사업체 아이서플라이에 따르면 올 들어 지난달까지 게임 기능을 갖춘 휴대폰 매출은 12억7,000만 달러로 전년 동기 대비 11.4% 증가했다. 반면 휴대용 게임기 판매는 3,890만 달러로 2.5% 감소했다.

또 다른 시장조사업체 플러리에 따르면 지난해 미국에서 아이폰 게임 매출은 5억 달러 상당으로, 전년 1억5,000만 달러에 비해 3배 이상으로 증가했다. 이 같은 수치는 미국 전체 게임 시장의 5%에 달하는 수준으로, 전년 1%대에 머물렀던 데 비해 대폭 증가한 것이다.

휴대용 게임 시장 내 점유율로 따질 경우 아이폰 게임은 2008년 5%에서 지난해 19%까지 성장해 1년 만에 소니를 제치고 시장 2위를 차지했다. 결국 스마트폰은 닌텐도와 소니 등 게임기 메이커들이 주도해온 게임 시장을 서서히 장악하고 있다.

폐쇄형 전략의 닌텐도와 달리 애플은 개방형 전략을 채택했다. 애플은 게임 시장을 키우기 위해 유통 방식부터 바꿨다. 누구나 게임을 개발해서 판매할 수 있도록 해 다양한 게임이 나올 수 있는 길을 열어줬다. 하루에도 수십 개 게임들이 출시되고 있다. 누구든지 개발 툴(SDK)를 다운받아서 애플리케이션을 개발해 앱스토어(App store)에 올려놓으면 유통망을 거치지 않고 고객이 곧바로 다운받아서 쓸 수 있다. 가격도 무료이거나 1~2달러 정도로 저렴하다. 지금도 수십만 명의 개발자들이 크고 작은 게임 애플리케이션을 개발해 앱스토어에 올리고 있다.

레지 필즈-아이메(Reggie Fils-Aime) 닌텐도 북미법인 대표는 포브스 최신호 인터뷰에서 "닌텐도의 라이벌은 콘솔 제조사가 아니라 애플"이라고 말했다. 지난 한 해 동안 닌텐도는 소니와 MS의 콘솔 게임기를 모두 합친 것보다 많은 숫자인 2,000만 대의 기계를 팔아치웠다. 그러나 필즈-아이메 대표는 "애플이 지난 분기에 판매한 아이폰이 1,410만 대다. 최근만 놓고 보면, 확실히 애플이 MS보다 위협적인 경쟁 상대"라고 강조했다. 이어 그는 "나는 닌텐도DS에서 '드래곤 퀘스트 9'를 플레이하는데 150시간을 썼다. 닌텐도DS 게임들은 이용자들의 시간을 많이 잡아먹는 편이다."라고 말한 뒤, "아이폰용 캐주얼 게임처럼 시간이 별로 걸리지 않는 게임이 환영받고 있는 상황"이라며, 직접 자사 게임과 애플 게임의 차별점을 짚었다.

결국 지금의 게임 업계는 게임기와 스마트 기기의 경쟁이 아니라 누가 고객의 시간을 많이 점유하느냐에 경쟁으로 바뀐 것이다. 폐쇄적인 태도를 취했던 닌텐도는 바로 그 전략으로 발목을 잡혔지만 애플은 개방적인 전략을 통해 새로운 도약기를 맞았다.

스마트 시대의 최고 경쟁 요소 '창의성'

최근 IT 업계의 화두는 단연 '스마트'(Smart)와 '소셜'(Social)이다. 일부 전문가들은 "스마트와 소셜은 IT의 화두가 아니라 글로벌 경제의 화두이고, 또한 시기적으로도 내년뿐만 아니라 향후 10년 동안 전 세계 산업을 지배하는 핵심 화두가 될 것"이라고 주장한다.

정보화 사회에서 스마트 사회로의 진화는 이제 피할 수 없는 대세이다. 이러한 변화를 직접 받아들여야 하는 기업의 입장에서는 새로운 과제가 아닐 수 없다. '강한 자가 살아남는 것이 아니라 살아남는 자가 강한 것'. 스마트와 소셜의 시대에 생존하기 위한 최고의 경쟁 요소는 무엇일까? 답은 바로 창의성이다.

지금 실리콘밸리에서 엔지니어들이 가장 들어가고 싶어 하는 회사가 어디일까?

많은 사람들은 구글을 떠올릴 것이다. 그런데 정답은 구글은 아닌 페이스북이다. 세계 최고의 인터넷기업 구글은 자유롭고 개방적인 근무 환경으로 유명하다. 직원들을 위한 복지 시설과 근무하는 사무실 환경을 보면 왜 구글이 세계적인 기업으로 우뚝 설 수밖에 없는지 알 수 있다. 아직까지 페이스북의 규모가 구글에는 많이 못 미치지만 페이스북 역시 구글 못지않게 창의적인 기업 문화를 만드는데 주력하고 있다.

회사의 로고는 명패라고 할 수 있다. 그런데 페이스북의 로고는 보통의 것과는 다르다는 것을 금세 느낄 수 있다. 명패에는 여러 낙서들이 보이는데 이는 단순한 낙서가 아니다. 이 회사는 낙서 속에서도 남들이 생각하지 못하는 기발한 창의력이 나타난다고 생각하여 메모와 낙서를 생활화하고 있다.

사무실 내부도 인테리어 회사에 온 것 같은 착각에 빠질 정도다. 딱딱하고 규격이 있는 인테리어가 아니라 자유롭고 색감도 예뻐 보인다. 스탠드바, 소파 등 자유롭게 앉을 수 있게 만든 근무 환경은 상당히 독특하다. 사무실이라고 하면 아무도 믿지 않을 것 같다.

회의 공간 역시 아주 독특하다. 온통 흰 바탕에 의자만 포인트로 준 정열적인 빨간색. 무엇보다 벽을 감싸고 있는 보드판이 인상적이다. 프레젠테이션도 가능하지만 아무래도 다양한 낙서와 메모 속에서 기발한 아이디어가 나온다고 생각해서인지 언제든지 자

MORE ↗

유롭게 쓸 수 있는 공간을 만들었다. 문서로 규격화한 형식보다는 자유롭게 자신의 친필로 글을 남기며 회의하는 방식은 기발하기만 하다.

전체적으로 페이스북 사무실은 자유롭고 편안하다. 얼리어댑터들이라면 누구나 부러워하는 구글의 환경과 닮았다. 창의성이 나오지 않는 게 더 이상할 수도 있을 정도다. 일반적 사무 형태보다는 오픈된 공간에서 업무를 볼 수 있도록 유도했고, 언제든 부서 간 또는 팀별 대화가 필요한 경우 회의실이나 미팅룸 요소에 소파와 의자들을 제공함으로써 업무상 대화일지라도 좀 더 자연스럽고 편하게 할 수 있는 분위기를 조성했다. 이러한 업무 환경이 지금의 페이스북을 만든 공신이다.

소셜 쇼핑의 선두주자 구루폰 역시 비즈니스모델에서 창의성을 엿볼 수 있다.

구루폰은 기존의 온라인 쇼핑이나 공동구매 방식과 차별화를 시도하며 폭발적인 반응을 얻었다. 첫 번째는 창립자 앤드류 메이슨이 기존 공동구매 방식을 공산품에서 서비스 상품으로 대체했다. 도시별로 단 하루 동안 음식점. 서비스. 숙박. 공연 등 단 하나의 서비스를 파격적인 가격에 판매했다. 두 번째는 외부 소셜 미디어와 연계하고 있다는 점이다. 이용자들은 자신의 딜이 성립하기 위해 또한 좋은 딜을 공유하기 위해 간단한 방법으로 메일, 트위터, 페이스북을 통해 딜을 알릴 수 있다. 소셜 미디어를 통해 이용자들이 적극적인 홍보에 나설 수 있는 메커니즘을 갖추고 있다.

고객과의 장벽을 없애다
'고객 중심'

1990년 말에 인터넷 붐이 불을 지피고 있을 때 야후(Yahoo)의 인기는 하늘을 찔렀다. 많은 사람들이 야휴에 투자하고 싶어 안달했고, 광고주들도 앞 다퉈 야후에 광고를 내려했다. 야후는 투자받은 돈도 많고 광고 수입도 괜찮아서 자금 여력이 있었다. 이후 야후는 자체적으로 새로운 비즈니스모델을 개발하기 보다는 새로운 비즈니스모델을 가진 회사나 고객들에게 인기를 끌고 있는 벤처회사를 인수했다.

그중에 하나가 사진을 올려놓고 공유하는 플리커(Flickr)라는 사이트이다. 2000년대 초반만 해도 동영상을 자유롭게 처리하기에는 통신회사의 속도가 느려서 사진 공유 사이트 인기가 높았다. 당시

텍스트 위주의 콘텐츠로 이루어져있는 바 이미지 형태의 사진 공유 사이트는 새로운 고객을 끌어오고 기존 고객을 유지하는 데에 도움이 됐다. 야후가 플리커를 인수하여 자신의 서비스로 만듦으로서 고객 유치에 반짝 효과는 있었다. 그러나 사진 공유 사이트라는 모델에서 더 이상의 변화를 꾀하지는 않았다. 그 후 동영상 공유 사이트인 유튜브(YouTube)가 나왔지만 플리커는 더 이상 변화하지 않았다. 공유하는 점에서 소셜네트워크서비스 방식이지만 마이스페이스가 나오고 페이스북과 같은 위치기반서비스(LBS)형 소셜 네트워크가 나와도 플리커는 예전의 모습에서 별로 변화가 없었다.

야후는 내부에서 변화를 꾀하기 보다는 LBS형 소셜 네트워크 업체인 포스퀘어를 인수하려 했다. 야후는 포스퀘어가 서비스를 개시하고 얼마 되지 않아서 1억2,500만 달러에 인수할 것을 제의했다. 그러나 포스퀘어의 경영진은 이를 거절했다. 만약 이때 야후의 제의를 받아들였다면 포스퀘어는 어떻게 되었을까? 아마 플리커가 그랬던 것처럼 고객 중심 서비스와는 멀어졌을 것이다.

이에 비해 애플은 고객 중심의 사고가 어떤 효과를 가져오는지 잘 보여준다.

아이폰은 2007년 6월 첫 모델이 출시된 이후 전 세계에 4,000만 대 이상 넘게 팔린 메가 히트의 자리를 굳건히 지키고 있다. 그러나 한편 생각해보면 아이폰이 스마트폰 중 가장 우수한 사양과 기능을 가진 제품은 아니다. 삼성전자의 갤럭시폰과 비교해보면 디스플레이나 cpu 속도 등은 갤럭시가 더 우수하다. 그럼에도 애플이 스마트폰 시장에서 성공 신화를 창조할 수 있었던 이유는 바로 고객 중심의 사고로 신시장을 창출했기 때문이다.

애플은 휴대전화를 단순히 매끈하게 만드는 것으로 그치지 않고 넓은 화면에 2개 손가락만 사용해 여러 기능을 부드럽게 구현할 수 있도록 만들었다. 이외에 사용자들의 흥미를 지속적으로 묶어 놓는 혁신적인 아이디어로 소비자들을 끌어들였다. 앱스토어를 통해 사용자가 간단히 응용프로그램을 선보일 수 있고 또 써본 제품에 대한 평가를 반영해 프로그램을 업데이트할 수도 있다.

누구나 개발자가 될 수 있다는 점은 소비자들을 끊임없이 끌어들이는 동력으로 작용했다. 기존 휴대폰 제조업체들이 새로운 사양과 디자인에만 몰두하고 있는 동안 애플은 기존의 휴대폰 기능을 가장 편리하게 재미있게 사용할 수 있도록 함으로써 새로운 시장을 창출했다.

애플이 가장 최근에 발표한 아이패드도 마찬가지다. 애플은 아이패드의 핵심 고객을 마니아로 국한하지 않는다. 주 고객층은 비행기에서 전자책을 읽거나 드라마를 볼 때 쉽고 편리하면 만족하는 일반인이다. 스티브 잡스와 애플의 성공 과정을 보면 기업 중심적인 사고가 아닌 고객 중심적인 사고로의 변화가 스마트 비즈니스의 핵심 전략임을 잘 보여주었다.

스마트 사회에서 성공하기 위해서는 무엇보다 고객 중심의 DNA

를 가져야 한다. 젊은 아이디어로 성공한 기업 중에서 기업 중심적인 사고를 가진 기업은 어디에도 없었다. 게임 업계에서 가장 많이 주목을 받는 징가 역시 고객 중심 정책을 펼치고 있다. 징가가 개발한 '팜빌'은 현재 8,000만 명이 즐기는 게임으로 게임 시장에 지각변동을 일으키고 있다. 농사를 짓고 가축을 키우는 등의 활동을 통해 자신만의 농장을 운영하는 것인데, 한 번 빠져든 유저들은 그 강력한 중독성에서 헤어나오기 힘들다고 한다.

사실 팜빌보다 더 화려하고 재미있는 게임은 얼마든지 있다. 플레이피시(Playfish)의 컨트리 스토리(Country story)를 비롯한 많은 게임들이 있었다. 완성도만을 보면 플레이피시의 게임이 더 높다는 것이 전문가들의 의견이다. 하지만 승자는 '팜빌'이었다. 팜빌이 큰 반항을 일으킬 수 있었던 원인은 고객이 원하는 것을 정확하게 파악했기 때문이다.

무엇보다 쉽고 간단하게 즐길 수 있다는 점에서 이용자들의 큰 호응을 얻었다. 보통 게임을 이용하려면 여간 번거로운 게 아니다. 화려한 그래픽과 빠른 속도를 즐기고 싶지만 컴퓨터의 성능이 따라주지 못하는 경우도 많다. 여기에 게임의 용량도 엄청나서 설치하는 데도 꽤 오랜 시간과 번거로움이 필요하다. 이렇게 게임을 한 번 하려 해도 이것저것 고려할 점이 많아서 중간에 포기하는 경우가 많다. 이러한 점을 정확하게 파악한 팜빌은 남녀노소 누구든지 쉽게 즐길 수 있게 만들어졌다.

팜빌 게임은 일단 용량이 작고 단순하다. 복잡한 설치 과정도 없다. 이용자는 페이스북만 열면 웹에서 쉽게 바로 즐길 수 있다. 또한 스마트폰이 대세가 되면서 집 밖에서도 얼마든지 접속해서 간단하게 즐길 수 있다. 팜빌은 아이폰에서 앱을 다운받으면 똑같이 이용할 수 있다.

팜빌의 또 다른 매력은 친구들과 커뮤니티를 구성한다는 점이다. 팜빌은 기존의 온라인 게임과 조금 다르다. 네트워크를 통해서 커뮤니티를 구성한다는 점에서는 다소 유사한 점이 있지만 팜빌은 이미 알고 있는 사람들 즉 친구들과 '커뮤니티'를 구성한다. 페이스북과 연동되기에 친구들을 초대하면서 함께 농장을 경영할 수 있다. 농장에서 기른 작물을 사고팔 수 있고, 친구의 밭을 대리 경작할 수도 있다. 비료나 농기구는 다른 친구에게 빌릴 수 있고, 친구들끼리 협동하면서 농장을 경영할 수도 있다.

아이폰에서 팜빌 앱을 내려받은 후 게임을 시작하면 곧바로 소, 오리, 닭, 호박, 옥수수와 같은 동물과 농작물이 푸른 농장을 배경으로 나타난다. 화면 하단의 'Let's Farm(농사를 짓자)'을 클릭하면 자신의 이메일 주소를 넣는 칸이 나타난다. 팜빌이 페이스북 계좌와 연결된 이유는, 페이스북이라는 SNS를 통해 게임 참가자의 친구들을 게임에 초대하기 위해서이다. 누군가 팜빌 게임에 참가한다는 것은, 그 사람과 맺어진 이메일 친구들 모두에게 팜빌에 관한 정보가 제공된다는 것을 의미한다.

농장 게임이라는 특성도 고객 유인의 중요한 요소로 작용했다. 온라인 게임은 너무 잔인하거나 혹은 선정적인 것들이 많다. 그래서 여러 연령층이 함께 즐기기에는 한계가 많다. 하지만 팜빌은 '피터지는' 싸움이 없고 아기자기하다. 농장을 운영하고 농작물을 경작하면서 다른 친구들을 도와주거나 반대로 조언을 얻을 수 있다. 덕분에 20대와 30대, 더 나아가 주부들까지 열광하는 것이다.

이제까지 기업과 고객의 관계는 일방향이었다. 기업이 콘텐츠를 준비해서 매스미디어를 통해 전달하면 고객은 이 정보를 받아 충성도를 키워나갔다. 그런데 모바일 시대로 접어들면서 모든 것이 달라지기 시작했다.

고객은 정보 수신자에서 벗어나 쌍방향 의사소통을 주도하고 다른 고객과 동적인 관계를 맺어 나가기 시작했다. 또 고객들은 기업 주도의 홍보 메시지를 맹신하지 않고 오히려 자신의 네트워크에서 거론되는 메시지에 더 귀를 기울이게 됐다. 이는 기업과 고객 사이의 역학관계가 고객 중심으로 완전히 이전됨을 의미한다.

흔히 마케터가 정책을 세우는 과정에서 회사의 방침을 많이 반영하는 일이 많다. 그러다 보면 고객의 입장을 간과하기 쉽다. 하지만 스마트 사회에서는 기업의 입장이 아닌 고객의 관점에서 사고해야 한다. 이것이 정말 고객이 원하는 것인지 고객의 관점인지 끊임없이 자문해야 한다. 고객 중심에서 유연한 사고를 가지는 것이 기술을 유용하게 사용할 수 있다는 사실을 잘 기억해야 한다.

끊임없이 변화하는 '역동성'

최근 국내 인터넷 서비스의 대표 주자들이 잇따라 외국 진출에서 고배를 마시고 있다.

세계 최초로 인맥 중심의 소셜네트워크서비스(SNS)를 성공시킨 싸이월드나 세계 최대 인터넷 시장인 미국에 포털로 승부수를 던진 다음커뮤니케이션의 도전이 실패로 끝났다. 소셜네트워크서비스(SNS)를 처음 시작한 곳은 미국이 아니라 한국이다. 2000년대 초에 학교 동창회 사이트인 '아이러브스쿨'이 미국의 마이스페이스보다 일찍 오픈했다. 아이러브스쿨은 인기는 있었지만 이렇다 할 수익 모델이 없어서 쇠퇴했다. 본격적인 SNS인 싸이월드가 2002년부터 서비스를 시작하였으니 미국의 페이스북보다 2년 앞서 있었다.

이후 싸이월드는 도토리라는 수익 모델을 만들어 SK텔레콤이 인수하면서 세력을 확대했다. 네이트(Nate.com)라는 포털 사이트와 연결해 이용할 수 있어서 고객은 급속히 늘었다. 국내 성공에 힘을 얻은 싸이월드는 2005년 10월에 미국에 진출하고 이어 2005년 8월에는 일본에도 진출했다. SK텔레콤의 자본력과 싸이월드의 소셜 네트워크 파워로 미국시장에서 자리를 잡으려고 여러 노력을 했다.

하지만 이런 노력에도 싸이월드의 도전은 성과를 보지 못했다. 물론 포털 업종의 특성상 현지에 대한 언어적, 문화적 이해가 부족하면 실패할 수밖에 없는 구조인 게 사실이다. 하지만 최근 국내 법인도 없는 트위터, 페이스북이 국내 가입자 수를 늘리며 입지를 강화하고 있는 것을 보면, SNS를 잇따라 내놓고 있는 국내 포털들이 반성해야 할 측면이 분명히 있다.

SK커뮤니케이션즈 주형철 대표는 간담회에서 "싸이월드는 전 세계 최초의 SNS나 다름없는데 왜 외국에서는 국내만큼 잘 안되는지 모르겠다."며 외국 진출의 어려움을 토로한 바 있다.

싸이월드가 외국에서 정착하지 못한 원인 중 하나가 바로 가입자 생애주기에 맞춰 서비스를 진화시키지 못한 탓이다. 통상 초기 사용자 연령대가 높아지면 그에 걸맞은 서비스 변화가 뒤따라야 한다. 하지만 싸이월드는 기민하게 대응하지 못했다. 여기에는 SK라는 경직적인 대기업 문화가 이식되면서 변화 속도가 떨어진 점도 무시할 수 없다. 2005년에 싸이월드의 미국 시장 개척을 위해 파견

MORE ↗

됐다가 퇴사한 린든랩코리아(세컨드라이프)의 김율 한국 지사장 등은 실패의 이유에 대해서 다음과 같이 말했다.

"SK커뮤니케이션즈의 외국 시장 공략이 어려운 가장 큰 이유는 이 회사가 SK그룹에 속해 있는데 모회사를 포함해 전 계열이 대부분 외국 시장 공략 경험이 거의 없기 때문이다."

외국 시장에 처음 나가서는 필요할 땐 과감하게 투자하고 베팅을 걸기도 하고 리스크를 줄이고 한국에선 거들떠보지도 않던 작은 업체들과 협력을 강화하는 등 한국에서와는 사뭇 다른 접근을 해야 하는 부분이 많은데 SK는 그렇지 못했다는 거였다. 그런가하면 한 벤처기업 대표 역시 "SK커뮤니케이션즈의 최대 리스크는 모회사인 SK텔레콤이다."라고 말하기도 했다.

사실 싸이월드의 미국 법인 철수는 그의 말을 전적으로 증명해준 것 같았다. SK텔레콤이 전무급의 두 사람을 동시에 내보내서 일을 하는 과정을 지켜보면, 옆에서 보는 사람이나 본인들 모두 무척 헷갈리게 한다. 즉 외국 시장을 개척할 때 누구를 책임자로 하고 그에게 얼마나 권한을 주며 그를 중심으로 직원들이 얼마나 뭉쳐서 일을 처리해야 하는지에 대해 과연 원칙이 있었는지 의문이 든다는 것이다. 솔루션과 서비스에는 순발력과 대응력이 필요한 곳에 대기업 방식으로 경영을 하니 쉽지가 않았던 것이다.

포털로 승부를 걸었던 다음커뮤니케이션의 도전 또한 마찬가지였다. 다음은 자회사인 미국 라이코스를 와이브랜트에 3,600만 달러(한화 426억 원)에 매각하면서 해외 포털 사업을 모두 접었다. 지난 해 라이코스 일본, 중국 사업 철수에 이어 라이코스의 마지막 외국 사업까지 철수한 것이다. 반면 페이스북, 트위터, 그리고 구글 등 외국 SNS 및 인터넷 서비스 사업자들은 모바일 시대를 맞아 막강한 이용자층과 자본을 앞세워 세력을 키워가고 있다.

2004년 8월 다음의 이재웅 대표는 미국 포털 회사인 라이코스 (Lycos)를 인수한다고 발표했다. 인수 당시 "그동안 쌓아온 비즈니스 노하우와 라이코스의 글로벌 네트워크를 접목해 글로벌 기업으로 도약하는 출발 선상에 선 것"이라며 "라이코스의 높은 브랜드 인지도와 최근 미국에서 강화되고 있는 홈페이지, 블로그 서비스 등을 기반으로 국내 시장에서 검증된 수익 모델을 적용할 계획"이라고 전했다.

다음의 인수합병(M&A) 전략은 업계를 놀라게 할 만큼 공격적이었다. 다음의 자본력과 라이코스의 고객을 잘 활용하면 세계적인 인터넷 회사로 성장할 수 있을 것 같았다. 하지만 라이코스의 포털 서비스는 야후(Yahoo)와 별 차이도 없을 뿐더러 새로운 면도 없었다.

다음이 라이코스를 인수한 이후로 기존 고객마저도 계속 빠져나갔고 광고 수입도 줄었다. 다음은 2010년 8월에 라이코스를 자신이 샀던 가격의 40% 정도인 420억 원(약 3,600만 달러)에 매각했다. 반면 후발이었던 구글(Google)은 엄청나게 성장했다. 대학원생 2명이 뒤늦게 시작한 구글은 10여년 만에 세계 최고의 인터넷 회사가 되었는데, 다음은 미국 시장에서 참패를 한 것이다.

같은 인터넷 비즈니스로 똑같은 미국 시장에서 두 회사의 명암이 갈린 원인은 무엇일까? 라이코스는 오픈 당시 포털 시장에서는 야후에 버금가는, 야후의 가장 강력한 경쟁자였다. 야후보다 반년 정도 서비스를 늦게 시작했으나 뛰어난 검색 엔진 기술로 단순히 디렉토리 방식을 선호했던 야후보다 진일보한 서비스를 제공했다.

업계에서는 다음의 실패를 현지화, 자금력 부족, 그리고 적절하게 시대에 맞게 변신하지 못한 점을 주요 원인으로 꼽았다. 그중에서도 특히 역동성이 떨어졌다는 점에 대해서 주목할 필요가 있다. 다음은 시대가 변하면서 비즈니스모델도 변화를 추구했어야 했으나 외국의 글로벌 업체들에 비해 덩치가 작았다. 그래서 야후, 구글과 같은 경쟁업체들에 비해 서비스 개편이 더딜 수밖에 없었고 이는 결국 사용자 이탈을 불러오게 된 것이다.

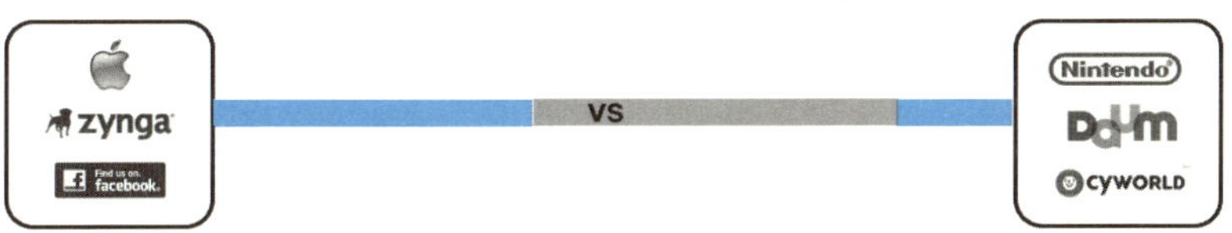

그렇다면 같은 SNS로 시작한 페이스북의 행보는 어땠을까?

하버드대에서 시작한 페이스북은 이제 전 세계로 퍼져나가면서 구글을 뛰어넘으려 하고 있다. 단지 사교용에 그칠 수 있었던 하나의 인터넷 서비스가 '세계를 연결하는 도구'로 진화한 것이다. 페이스북이 지금 폭풍처럼 성장할 수 있었던 이유는 끊임없이 변화를 시도했기 때문이다.

2004년 시작 당시의 페이스북은 싸이월드와 같은 서비스를 제공했다. 하지만 2007년 페이스북의 이용자 수가 약 1억 명이었을 때, 페이스북은 SNS 기업으로서는 처음으로 'F8'이라는 오픈 API를 전 세계 개발자에게 공개했다. 그리고 이러한 정책으로 선발 주자인 마이스페이스를 눌렀다.

이후에도 페이스북은 끊임없이 고객들과 소통할 수 있는 기능을 선보여왔다. 2010년 5월 마크 주커버그는 위치 기반 서비스인 페이스북 플레이스(Facebook Places)를 공개했다. 주커버그는 "매우 신나고 흥미로운 여름이 될 것이다. 새로 준비하는 서비스가 상당히 많다."며 기자회견을 시작했다. 처음으로 선을 보인 것은 플레이스(Places)라는 위치 기반 서비스로, 포스퀘어(Foursqure)나 옙(Yelp)이 제공하는 것과 비슷하다. 이처럼 멈추지 않고 시대의 상황과 고객의 욕구를 반영해서 끊임없이 변화해가는 역동적인 모습이 지금의 페이스북을 만든 것이다.

비즈니스모델 전쟁에서 이기는 'S·M·A·R·T' 프로세스

2005년에서 2008년 사이에 우리 기업들 사이에서는 그야말로 6시그마(Six sigma) 광풍(狂風)이 불었다. 6시그마는 86년 모토로라에서 탄생했으며 GE에 잭 월치 회장이 도입한 이후 전 세계로 퍼져 나갔다.

6시그마는 공정에서 변동성을 줄이기 위한 도구로 실수나 결함을 피하고, 예측 가능성을 높일 수 있다는 점에서 크게 환영받았다. 실제 잭 월치 역시 6시그마를 도입한 후 관료주의가 만연하고 노쇠해진 GE에 긴장감을 불어넣었고, GE를 우량기업으로 바꿔 놓았다. 이처럼 잭 월치가 6시그마를 개선의 도구로 쓰면서 갑자기 '6시그마'는 혁신의 도구처럼 오해받기 시작했다.

한국 기업들도 예외는 아니었다. 6시그마 기법을 선망의 대상으로 삼던 한국 기업들은 앞다퉈 6시그마를 혁신 기법으로 채택했다. CEO들은 "6시그마만이 살 길이다."를 외치며 6시그마를 모든 업무에 적용해야 한다고 몰아붙였다. 임원에서부터 생산 라인의 작업자까지 천문학적인 비용과 노력을 들여서 6시그마를 공부하고 실행했다. '혁신'이 곧 6시그마일 정도로 올인했고, 모든 부분 모든 계층에서 6시그마는 헌법처럼 통했으며 모든 업무의 기준이 되었다. 사장, 임원을 비롯하여 전 직원이 6시그마를 학습했고 블랙벨트나 그린벨트를 따야만 했다. 심지어는 영업 사원들도 통계학을 다시 공부하고 6시그마 시험을 보았다.

6시그마를 효과적으로 실행하기 위해서는 여러 가지 프로세스가 필요한 데. 대표적인 것이 바로 'DMAIC'이다. 정의(define), 측정(measure), 분석(analyze), 개선(improve), 관리(control)라는 영어 단어의 머리글자를 따서 만든 'DMAIC('디메익'이라고 발음한다)'이라는 것으로 6시그마 도입 초기부터 사용된 방식이다.

'DMAIC' 프로세스에 따라 업무를 진행하면 기존 제품의 품질은 개설될 수 있다. 이 프로세스에서는 항상 측정(Measure)을 한다. 지금 제품에 얼마만큼의 품질 불량이 있는지를 측정하기 위해 각종 통계적 기법을 쓴다. 그리고 개선(Improve)하기 위해 노력을 한다. 모든 평가는 측정 기준에서 얼마만큼 개선됐는가로 한다.

'DMAIC'으로 통칭되는 6시그마 기법은 모든 업무가 숫자로 관리되고 평가되기 때문에 경영자 입장에서는 매력적이었다. 6시그마는 성과 개선에 효과가 있었지만 창의적인 아이디어 구상을 막고 진정한 혁신을 할 수 있는 기회를 놓치게 하는 부작용을 낳았다. 특히 새로운 제품 혁신에는 많은 한계가 드러났다. 대표적인 기업이 바로 3M이다. 오만한 직원들과 비효율적인 업무 방식으로 병들어가던 3M은 GE의 6시그마를 도입해 효율성을 강화했으나 3M의 DNA인 창의성이 훼손되는 부작용이 발생했다. 3M은 매스킹 테이프(masking tape: 보호용 테이프), 신개념 보온 소재인 슐레이트(Thinsulate), 포스트잇 메모지 등을 탄생시킨 기업이 아니던가.

3M은 짐 콜린스와 제리 포라스가 1994년에 발표한 『성공하는 기업들의 8가지 습관』에 소개되기도 했다. 하지만 3M은 6시그마 도입 이후 자율성을 저하시키고 모든 일을 지나치게 계수화하여 평가하기 때문에 위험 부담이 있는 새로운 일은 기피하는 부작용을 낳기도 했다.

GE와 도요타뿐 아니라 우리 기업들 역시 그동안 6시그마에 올인해왔다. 하지만 그 결과는 어땠는가? 애플과 페이스북은 새로운 비즈니스모델로 고도성장을 이뤄냈다. 스티브 잡스는 아이폰을 기획할 때 과거의 데이터를 조사하지 않았다. 주커버그 역시 페이스북을 기획할 때 통계적 기법을 토대로 하지도 않았다. 창의적인 아이디어란 통계적 기법에서 나오는 것이 아니다. 애플은 아이폰과 앱스토어를 만들어 냈고 페이스북은 개방형 플랫폼 정책으로 고객 숫자를 2~3억 명으로 늘려나갔다. 이들 기업은 6시그마를 도입해서 성공한 것이 아니다.

그동안 우리 기업은 개선과 통제의 경영을 답습해왔다. 하지만 더 이상 이런 방식은 통하지 않는다. 이제 경영의 룰이 바뀌고 있다. 스마트 사회에서는 창의와 개방이 핵심이다. 그러니 스마트 시대에서 성공하고 싶다면 지금이라도 6시그마의 'DMAIC' 방식을 접고, 창의 기반의 혁신인 'S·M·A·R·T' 프로세스로 전환해야 한다.

새로운 비즈니스모델은 새로운 패러다임을 보고 생각해야 한다. 'S·M·A·R·T'는 새로운 비즈니스를 찾아내고 이를 실행에 옮기는 창조적 프로세스다. 스마트의 'S'는 방향 감각(Sense of direction), 'M'은 융합 사고(Mash-up think), 'A'는 앱 효과(App effect), 'R'은 프로세스 혁신(Renovation process), 'T'는 실행(Try&Change)을 뜻한다.

시대의 변화 방향을 인지하고 시장과 기술의 변화를 이해해야 한다. 축구를 잘 하는 선수는 공만 쫓아다니는 것이 아니라 공이 어느 방향으로 갈 것인지 예측해서 그곳을 향해 뛴다. 또한 옛것과 새것을 융합해 제3의 새로운 것을 만들어내는 창의적 사고도 필요하다. 기존의 것을 개선하는 정도로는 새로운 변화를 만들어 내기 힘들다. 새로운 기술을 개방적으로 잘 활용하여 융합시킨다면 신기술을 빠르게 개발할 수 있다.

뿐만 아니라 스마트 시대의 총아인 앱을 접목하면 신개념 비즈니스모델을 창조하고 새로운 상품과 서비스를 만들 수 있다. 앱의 개념을 상품과 결합하면 비로소 앱 효과를 발휘할 수 있다. 일하는 방식과 프로세스도 혁신해야 한다. 새로운 개념의 상품과 서비스를 과거의 방식으로 실행한다면 반드시 실패하게 돼 있다.

일하는 방법을 과거의 관습에 연연하지 말고 지금의 시장에서 가장 경쟁력 있는 새로운 방식으로 바꿔야 한다. 끝으로 혁신에 대한 준비가 끝났다면 곧바로 실행해야 한다. 머릿속에 아이디어가 떠올랐을 때, 똑같은 아이디어를 생각한 사람이 전 세계 인구의 3%에 달한다고 하지 않는가? 그래야 새로운 변화를 이끌어낼 수 있다. 스마트 기법의 전 과정이 서로 이어질 때 새로운 비즈니스와 상품 개발을 통해 비로소 기업 경영이 성공할 수 있다

Part 4

S·M·A·R·T 프로세스의 실체

방향감각(Sense of direction)

70~80년대 일본 제품의 인기는 하늘 높은 줄 몰랐다. 작고 품질이 좋은 TV, 오디오, 자동차가 세계 시장을 휩쓸었다. 이런 제품들은 이미 미국이나 유럽에서 개발되었던 것이어서 일본은 품질 개선을 통해 싸고 질 좋은 제품을 만들어 냈다. 그러나 2000년대 들어 혁신적인 제품이 나오면서 일본 제품은 경쟁력이 사라지고, 일부 제품은 2류 내지 3류 제품으로 추락하기까지 했다.

이는 개선의 왕국인 일본 기업들이 코앞의 제품 개선에 몰입할 때, 시장 수요와 기술이 변하여 기존 제품이 쓸모없게 되어버린 탓이다. 시장의 트렌드와 기술의 변화를 파악해 사업의 방향을 정하는 것은 변화의 시기에 중요한 일이다. 변화에 따라 대기업도 몰락

할 수 있고 작은 기업이 크게 성장할 수도 있다.

전 세계적으로 인기를 끌고 있는 아이폰은 단순한 휴대폰의 개념을 넘어서 인간의 상상력을 자극하고 극대화시킨 '작품'으로 평가받는다. 마이크로소프트가 스마트폰을 단순히 작은 PC일 뿐이라고 규정지었을 때, 애플은 이를 가전제품처럼 설계, 새로운 문화를 창조해 현재의 애플을 만들었다. 결국 먼저 미래를 내다보고 발상의 전환을 통해 대비하는 기업만이 새로운 승자가 될 수 있음을 애플, 아이폰, 그리고 스티브 잡스가 보여주고 있다.

스티브 잡스는 2007년 1월에 아이폰을 발표하는 자리에서 아이스하키 선수인 웨인 크레츠키(Wayne Douglas Gretzky)가 "나는 아이스하키의 퍽이 어디 있는지가 아니라 어디로 갈지를 생각하고 경기를 한다."라고 한 말을 인용하면서 이것이 바로 애플의 정신이라며 발표를 마무리했다.

스티브 잡스는 사업 방향을 잡거나 신제품 개발 콘셉트를 고민할 때, 시선을 현재 시장과 기술에 두지 않는다. 기껏 고민하며 내놓은 제품이 현재의 시장만을 고려한 것이라면 차별화도 어렵고, 포화상태인 레드오션에서 힘겨운 경쟁을 벌여야만 한다. 스티브 잡스는 남들이 가는 길과는 다른 방향을 가리키면서 수많은 기업과 리더들이 내세우는 비전의 본질을 제대로 보여주었다.

최근 기업들은 가히 개혁을 넘어 개벽적이라 할 만큼 소비자들의 급속한 변화와 기술의 발전, 서비스의 다양화에 넋이 빠질 지경이다.

크레슈머(Cresumer), 스마트슈머(Smartsumer), 스토리슈머(Storysumer), 호모나랜스(Homonarrans) 등 학자들에 의해 만들어지는 소비자에 대한 용어들의 다양화가 이를 방증한다. 심지어 소비자들 자신조차 진정으로 무엇을 원하는가를 알 수 없을 만큼 기술과 시장 상황, 소비자의 욕구는 시시각각 변화하고 있다. 이런 급변하는 시대에 한 순간의 판단 착오로 방향을 제대로 잡지 못하고 흔들린다면 큰 위험에 처하게 되고, 급기야 회복 불가능 상태에 빠질 수도 있다.

닌텐도와 소니 역시 급변하는 시대에 방향을 제대로 설정하지 못하면서 지금 위험한 상황에 처해 있다. 아이폰과 아이패드를 통해 온라인 게임을 즐기는 사람들이 크게 늘면서 전통 게임기 수요가 줄고 있기 때문이다. 스마트폰 기능이 다양해지고 화면의 해상도가 높아지면서 소니와 닌텐도가 게임기 시장에서 오랫동안 누려온 시장 지배적 지위까지 위협받고 있다

세계적 시장조사기관인 아이서플라이의 파멜라 투페그지크 연구원은 "캐주얼 게임이 보급되면서 아이폰이 전통적 휴대형 게임기인 닌텐도의 DS와 소니의 플레이스테이션 포터블(PSP) 모델을 압도하고 있다"며 "이 같은 현상은 앞으로도 계속될 것"이라고 전망했다.

융합사고(Mash-up think)

50~60대 경영자를 만나서 "스마트폰을 쓰고 계십니까?"라고 물으면 "안 씁니다. 지금 쓰는 전화기도 기능을 제대로 활용 못하는데…."라며 대답하는 경우가 많다. 그러면 나는 다시 "스마트폰은 자신을 위해라기보다 기업 경영에 새로운 도구로써 사용해 보는 것이 좋습니다."라고 말하면 "너무 어려워서요" 또는 "내가 눈이 어두워서 글자가 잘 안 보여요"라고 말하며 스마트폰에 대한 거부 반응을 보인다.

이처럼 고정관념이 강하면 모든 것을 기존의 패러다임으로 해석하려한다. 그래서 아무리 새로운 것이 나온다고 하더라도 무용지물이거나, 기존의 패러다임을 합리화하는 도구로 전락할 수밖에 없다.

MORE ↗

이런 상황에서 창의적인 사고를 기대한다는 것 자체가 가능할까? 창의적인 사고는 기존의 것과 새로운 것을 융합하려는 태도에서 나온다. 융합 사고는 기존의 패러다임에서 새로운 것을 보는 것이 아니라 새로운 패러다임으로 사물을 바라보는 것에서 출발한다.

융합(convergence)은 21세기에 접어들어 산업 분야뿐만 아니라 통신과 방송, 예술과 과학, 학문과 학제 간 나아가 정치 분야에 이르기까지 사회 전반에 걸쳐 하나의 아이콘으로 등장했다. 융합의 시대에는 두 개의 눈으로 세상을 바라보아야 한다.

『렉서스와 올리브나무』로 잘 알려진 토마스 프리드먼은 정통 경제학자가 아닌 신문기자 출신이지만 두 개의 눈으로 세상을 보았기에 기존 경제학자들이 보지 못한 것을 볼 수 있었다.

애플의 성공 요인 중 하나도 바로 융합(Mash-up)이었다. 잡스의 번뜩이는 아이디어의 대부분은 일과 전혀 관련이 없는 장소나 경험에서 나온다고 한다. 대학에서 서예를 공부하거나 인도의 힌두교 사원이나 메이시 백화점의 주방기구 전시장 같은 곳에서 기발한 아이디어를 얻은 것이 좋은 사례이다. 잡스는 창의적인 아이디어를 얻기 위해 자신을 다양한 경험에 노출하고 새로운 기술을 접목하려고 한다.

애플의 디자이너들은 전자공학으로 시작해 공부한 사람들이 가장 많다. 기술의 발전에 따라 디자인도 변화하기 때문에, 그들은 전자공학에 대한 지식을 바탕으로 디자인적인 관점을 부여하고 사고

한다고 한다. 초기에 등장한 아이팟(iPod)은 이러한 시도의 결과물이다. '원반' 하나로 모든 디자인과 기능을 담았다. 많은 스위치들로 사용하고 익히기 불편했던 기존의 MP3 제품들을 차별화한 것이다. 이 아이디어 역시 전자 회로도를 분석하면서 혁신적인 발상이 탄생되었다고 한다.

하버드대학의 연구팀은 지난 6년 동안 3,000명의 CEO들을 인터뷰한 결과 창의성이 없는 사람과 혁신적인 사고를 하는 사람 간의 가장 큰 차이점이 바로 '연계기술'이라는 결과를 발견했다. 연계기술은 겉보기에는 관련이 없는 것처럼 보이는 의문점들이나 다른 분야의 생각들을 하나로 엮어내는 기술이다. 이 같은 결과는 잡스가 "창의성은 단지 사물을 서로 연계시키는 것이다."라고 말한 것을 확인해주는 것이다.

그렇다면 융합사고를 하기 위해서는 어떻게 해야 할까?

매시업(Mash-up)기술은 융합사고(Mash-up think)를 가능하게 한다. 매시업(Mash-up)은 웹 서비스를 서로 결합하여 만들어지는 새로운 웹 서비스라는 뜻에서 처음 사용됐다. 지금은 웹 서비스뿐만 아니라 다양한 분야에서의 결합 혹은 통합하여 새로운 것을 만들어내는 방식으로 쓰이고 있다.

매시업은 기술이나 디자인, 문화, 라이프스타일 등 사람들의 삶이 연결된 수많은 분야에서 이루어지고 있다. 특히 모바일과 소셜 네트워크 등의 디지털 이슈를 만나면서 모든 것이 매시업으로 새롭게 꽃 피우고 있다.

하나에 다른 하나를 추가하는 것에는 결합(integration), 컨버전스(convergence), 매시업(Mash-up) 세 가지가 있다. 결합이 하나에 새로운 기능을 추가하는 것이고, 컨버전스가 두 개의 기능을 결합하는 것이라면 매시업은 새로운 것을 결합하여 새로운 기능을 탄생시키는 것이다.

휴대전화의 경우를 보자. 전화기에 카메라 기능을 추가하면 결합. 사진을 찍은 후 이를 전화로 보내는 기능을 추가하는 것이 컨버전스다. 매시업은 스마트폰에서 화상통화 같은 완전히 새로운 패러다임의 서비스를 만드는 것이다. 책의 경우도 책에 영상 CD를 추가하여 만든 북CD는 결합, 인터넷 기능을 결합하여 e-북 형태로 만들면 컨버전스, 애플리케이션 기술을 이용하여 앱북(App Book)으로 스마트폰에서 서비스하면 매시업이다. 스마트폰에서는 오픈 API를 제공하고 있는 바 기존의 상품과 서비스에 매시업하면 새로운 상품과 서비스를 만들어 낼 수 있다.

단계	integration	convergence	Mash-up
형태	기능의 추가	기능의 결합	새로운 기능의 창조
이점	편의성	시너지	새로운 패러다임
적용영역	같은 분야로 제한	근접한 영역으로 제한	다양한 분야에서 적용
기술개발	자체 개발	협력 개발	오픈 API 이용
예	카메라 휴대폰, CD북	사진 전송, e-북	화상 통화, 앱북

제품과 기능의 융합을 통한 새로운 시장의 창출이 혁신의 대세가
되어가고 있다. 그리고 이를 위해서는 조직 내 역량도 더욱 다양화
되어야 한다. 서로 다르다는 것이 비효율을 초래하는 것이 아니라
조화와 혁신으로 이어질 수 있도록 하는 시스템 구축이 필수적이다

앱 이펙트(App Effect)

미국 인터넷 라디오 판도라(Pandora). 인터넷 버블이 정점을 때렸던 2000년에 이 회사는 세워졌다. NYT에 따르면 판도라는 지난 10여 년 동안 적자를 내고 거의 존폐 위기까지 몰렸다. 직원 봉급이 2년 반치나 밀렸고 쓰러지기 직전이었다. 하지만 앱 혁명으로 10년 만에 흑자를 기록했다. 2010년 이 회사는 작년 대비 2배 이상의 매출을 기대하고 있으며, 오클랜드 본사는 현재 직원 모집 공고를 내며 확장공사 중이다.

판도라의 설립자이자 최고전략책임자(CSO) 팀 웨스 터그린은 스탠퍼드대학교에서 컴퓨터 음향학을 전공했다. 그는 삼성 앱 개발자 회의에 연사로 참석해서 '앱 혁명'과 판도라의 흑자에 대해서 다음과 같이 말했다.

"앱 때문에 판도라에 대한 인식이 바뀌었다. 이전에 사람들에게 물으면 판도라를 '컴퓨터 라디오'라고 대답했다. 하지만 앱이 나오면서 사람들은 판도라를 자동차, 거실, 심지어 헬스클럽에서 사용하기 시작했다. 앱은 우리의 카테고리를 훨씬 넓게 재정의됐다. 광고주와 비즈니스 파트너들의 생각도 변화시켰다. 청취자는 두 배로 늘었다."

판도라 앱을 다운받아서 이용자가 좋아하는 가수나 곡을 입력하면 뮤직게놈을 분석해 좋아할 만한 곡만 골라서 들려준다. 비틀스를 선택하면 엘튼 존의 '유어 송', 터틀스의 '해피 투게더'가 연속해서 흘러나온다. 마치 나만을 위한 음악 라디오 방송국이 생긴 것 같다. 책상 앞에서 듣던 라디오가 자동차나 헬스클럽에서도 항상 나와 함께 한다. 데스크톱이나 노트북에서 주소를 입력해야만 했던 웹의 시대엔 불가능했던 일들이 앱의 등장으로 가능해졌다.

이처럼 앱 혁명은 쓰러지는 기업을 되살려내는 기적을 일으키고 있다. 앱으로 과거에는 불가능했던 비즈니스모델이 가능해졌다. 또한 기존의 비즈니스에서도 앱을 정복하면 비즈니스모델이 바뀔 수 있다. 이를 앱 이펙트(App effect)라 한다.

국내에서도 많은 기업들이 비즈니스에 앱을 접목하고 있다. 스마트폰 보급이 110만 대를 돌파하고 애플의 아이폰도 40만 대가 넘어서자 국내에서도 '애플리케이션 경제(앱 이코노미)'가 형성될 조짐이 보이고 있다. 애플리케이션 등록만으로 수십억 원의 수익을 올린 사례가 등장하는가 하면 일부 스타 개발자의 몸값이 치솟고 20~30대를 중심으로 창업 열기가 이어지고 있다.

테슬라 시스템이 개발한 명함 교환 앱 '카드쉐이크(cardshake)'는 외국에서 단연 인기를 모으고 있다. 출시 직후 미국 앱스토어 비즈니스 분야에서 5위, 한국 앱스토어 2위 등을 차지하면서 현재 2만 회의 다운로드를 기록하고 있다. 최근에는 일본, 대만, 홍콩, 러시아의 앱스토어에서도 꾸준한 상승세를 이어가고 있다.

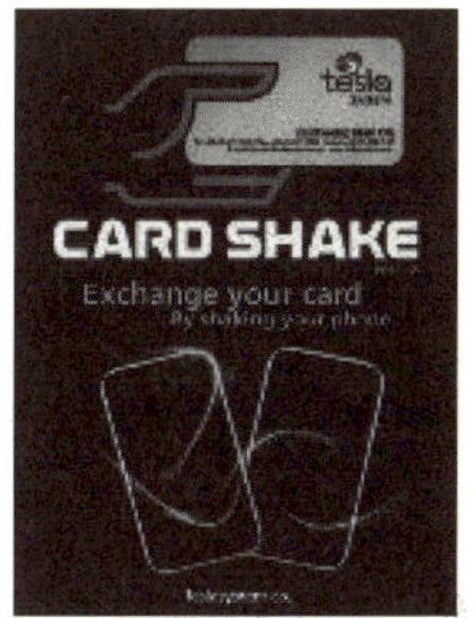

카드쉐이크는 기존 명함만을 관리해 주는 앱에서 벗어나 두 스마트폰을 흔들어 명함을 교환하고, 스마트폰 내에서 명함을 관리해 준

다. 교환할 자신의 명함을 선택한 후 명함을 주고받을 사람과 동시에 스마트폰을 흔들기만 하면 명함이 교환되는 방식이다.

카드쉐이크에 이어 테슬라는 퍼블리싱 비행 슈팅 게임 애플리케이션인 '아스트로윙(AstroWing)'을 전 세계에 선보였다. 화려한 그래픽과 스마트폰에 최적화된 게임이라는 점을 무기로 스마트폰 이용자에게 인기를 끌고 있다. 최근에는 국내 유료 앱 게임 분야에서 1위를 차지하는 등 다운로드 순위가 최상위에 랭크돼 있을 정도다. 또한 미국과 일본 등 국외 시장 앱에서도 순위를 높여 가는 등 전 세계적으로 히트를 치고 있다.

앱(App) 이코노미는 뉴스, 영화, 음악 등이 무료라는 인식이 강했던 인터넷 경제와 달리 유료 수익 모델이 정착되고 있어 시장 형성에 긍정적 영향을 미칠 것으로 예상된다. 10여년 전 벤처붐에서는 인터넷을 플랫폼으로 하는 다양한 사업 아이디어가 넘쳐났다. 하지만 당시에도 많은 벤처들이 꿈을 이루지 못했다. 그것은 바로 아이디에서 차별화를 이루지 못했기 때문이다. 앱을 활용한 비즈니스도 마찬가지이다. 지금 국내에서는 제2의 벤처 붐이 일고 있다. 국내 모바일 앱 개발자는 수만 명으로 추정되며 기업화하는 사례가 크게 늘고 있다.

단순히 앱을 개발한다고 해서 저절로 새로운 비즈니스가 창출되는 것이 아니라 앱을 이용하여 새로운 비즈니스모델을 만드는 것이 중요하다.

"스마트폰 애플리케이션 시장은 분명 기회입니다. 하지만 이젠 애플리케이션 개발에 대한 효율성과 비즈니스모델 고민으로 미래 성장성을 확보해야 될 때입니다."

고종옥 포비커 대표는 최근 IT 업계에 부는 스마트폰 열풍 덕을 톡톡히 본 CEO다. 이 회사는 금융권 뱅킹 앱에서부터 KT 스마트폰 플랫폼, 삼성에스원 스마트폰 보안 앱 등 밀려드는 개발 요청에 몇몇 발주는 취소하는 등 행복한 고민까지 할 정도다. 단순히 앱 제작이나 판매만으로는 성장의 한계가 있음을 파악하고 새로운 방법을 찾았다.

포비커가 찾은 해법은 러닝개런티 방식의 수익 모델이다. 단발성으로 앱 개발 비용을 받기보다는 고객사가 해당 앱을 통해 얻는 수익을 나눠 갖겠다는 발상이다. 고 대표는 "사업성이 확실하지 않은 상황에서 앱 개발에 투자하는 것은 고객사 입장에선 상당한 부담"이라며 "수익 배분 앱 사업은 기업들의 스마트폰 진입 장벽을 낮추는 계기가 될 것"이라고 밝혔다.

"이미 레드오션이 된 스마트폰 앱 시장에서 '체험판 흥행을 통한 정식 버전 판매'와 같은 일반적인 방법은 한계가 있다."며 "좋은 앱도 필요하지만 이와 함께 반드시 차별화된 수익 모델을 확보해야 한다."고 덧붙였다.

앱을 만든다고 앱 이펙트가 있는 것은 아니다. 대기업에서 만든 앱을 보면 상품 카탈로그나 회사 홍보물처럼 보인다. 이런 앱은 고객이 선택하지 않는다. 앱(App)은 고객의 선택을 받아야 의미가 있다. 고객에게 재미를 주거나 유익하지 않은 앱은 아무 의미가 없다.

앱 비즈니스를 생각할 때는 철저히 고객 관점에서 보아야 한다. 지금까지 없었던 상품이나 서비스도 고객 관점에서 만들어내면 팔릴 수 있다. 기존의 상품이나 서비스도 고객의 관점에서 보면 재미와 유익함이 떠오른다.

프로세스 혁신(Renovation Process)

스마트 비즈니스는 일하는 방법과 프로세스를 바꾸어야 한다. 조직 성공의 무게 중심이 '운영의 효율성'에서 '창의와 혁신성'으로 옮겨 오면서 프로세스 역시 큰 변화가 필요하다. 스마트 프로세스의 4단 계는 바로 프로세스를 혁신하는 것이다.

과거 단순한 하드웨어 제품을 대량으로 생산하던 시절에는 생산 성을 높이는 것이 경쟁력이었다. 그 시절에는 기능을 세분화하여 효율을 높이고 계층을 만들어서 관리를 강화했다.

한국의 기업은 수직적 구조인 SCM 방식을 사용한다. 필요한 것 을 조달하기 위해 하청업체를 통해 최단 시간 내에 가격 대비 최고 품질들을 조달받아 납품하는 방식을 취한다. 한국 기업의 비즈니스모델이 '효율화'를 추구하는 데 있음을 보여주고 있다. 그렇기 때문에 단기간에 성과를 창출하기에는 효과적인 방식이었다.

하지만 이런 수직적 기업 문화로는 앞으로의 성장을 장담할 수 없다. 지금처럼 하드웨어와 소프트웨어가 결합되고 빠르게 변화하는 시대에 유연하게 대처하기 위해서는 수평적 사고가 필요하다. 대량생산 시절에 큰 성장을 이룬 기업은 유연성이 떨어질 수밖에 없다.

변화가 빠른 스마트 시대에 적응하려면 일하는 방법과 프로세스를 바꾸어야 한다. 특히 모든 기술을 우리가 개발해야 하고 우리가 생산해야한다는 NIH(Not invented here) 신드롬에서 벗어나야 한다. NIH 신드롬이란 자신이 최고라는 생각으로 외부의 것을 수용하지 못하는 성향을 의미한다.

세상에는 다양한 개방형 기술이 개발되어 있어서 이들과 협력하면 개발 업무를 절반 정도로 줄일 수도 있다. 애플의 경우를 생각해보자. 생산 시설이 하나도 없이 2억 대의 아이팟과 8,000만 대의 아이폰을 생산했다. 애플은 수평적 네트워크 방식으로 생산하고 있다. 하청업체를 만드는 것이 아닌 공생의 관계로서 상대 업체의 협조를 통해 최적점을 탐색하는 수평구조를 추구한다.

마케팅을 할 때도 오프라인, 온라인, 모바일 등의 다양한 방법이 있고 마케팅 플랫폼을 가진 회사와 협력하면 마케팅 인력이 없이도 매출을 올릴 수 있다.

소셜 게임 업체인 징가 역시 페이스북을 이용하여 마케팅을 하고 있다. 징가의 게임이 전 세계적으로 돌풍을 일으키고 있는 것은 페이스북이라는 장터가 있었기 때문이다. 징가 게임의 경우 재미있고 고객이 참여하고 고객이 고객을 끌어오는 모델로 만들어져있는데, 게임 도중 페이스북의 고객을 초대하고 선물할 수 있어서 마케팅 활동에도 큰 도움을 받았다.

2010년 스페인 바르셀로나에서 열린 세계 최대 이동통신전시회인 '모바일월드콩그레스(MWC)'. 이 행사에 참석한 구글의 에릭 슈밋, 마이크로소프트의 스티브 발머, 에릭슨의 한스 베스트베리 등 글로벌 정보통신(IT) 업체의 최고경영자들이 한결같이 강조한 말은 바로 '개방'과 '상생'이었다. 이는 서로의 기술을 공유하고, 전략적 제휴를 통해 경쟁력을 강화하는 최근 글로벌 IT 생태계의 흐름을 잘 지적해 주고 있다. 자신만의 성을 쌓고 그 안에 들어앉아 '나 홀로 경영'을 하다간 하루가 멀다 하고 달라지는 시장 상황에서 언제 밀려날지 모르는 상황에 처하게 된다.

국내 시장은 아직 사업자 중심의 폐쇄적 구조(Walled Garden)에서 벗어나지 못하고 있다. 구글과 애플 등 외국 업체들이 개방을 내세워 세계 IT 시장의 흐름을 주도하는 모습과는 대조적이다. 하지만 이제 오픈 이노베이션은 모든 기업들의 생존과 직결된 문제다.

혁신은 기술이나 제품 영역은 물론, 기업 전체 비즈니스모델에 이르기까지 다양하게 나타나고 있다. 특히 독창적 혹은 독점적 기술은 경쟁력을 좌우하는 핵심 요소 중의 하나이기 때문에 기업들이 기술 혁신에 사활을 걸고 있다.

전통적으로 기업들은 자신들이 보유한 기술과 자원을 바탕으로 연구개발(R&D)을 해 왔다. 이를 통해 기업들은 특허, 기술 등의 지적 자산을 확보함과 동시에 다른 기업들과 경쟁할 차별적 요소를 갖춰 왔다. 그러나 최근의 빠른 사업 환경 변화는 비즈니스의 성공이 혼자만의 기술과 능력으로 모든 걸 해결하려는 태도를 버리는 데부터 나올 수 있다는 뼈저린 교훈이 되고 있다.

실행(Try & Change)

『아이폰과 아이패드, 애플의 전략』의 저자는 애플의 성공 배경을 2가지로 꼽는다. 하나는 '모바일 생태계'를 만든 것, 다른 하나는 '상상력과 실행력'이다. 저자는 "트렌드 속에서 하나의 시장과 경쟁 우위의 핵심 가치를 발견하기는 어렵지 않다. 문제는 어떻게 미래를 예측하고 그 시장을 자신의 것으로 가지고 올 것인가에 대한 문제로 귀착된다. 실행력, 그 안에 답이 숨어있다."라고 말한다.

스마트 프로세스에서 가장 중요한 단계로 실행을 꼽고 싶다. 4단계까지 아무리 잘 따라온다고 하더라도 마지막 실행 단계가 이루어지지 않는다면 의미가 없기 때문이다. 그러니 화려한 청사진을 세우는 것도 중요하지만 이를 달성할 실행력을 확보하는 것이 무엇보다 중요하다. 스티브 잡스는 청바지를 입고 연구실에서 개발자들과 함께 생활한다. 하드웨어와 소프트웨어 개발자들, 디자이너들과 함께 고민하고 공동의 해결안을 찾는다.

애플 제품들은 하드웨어든 소프트웨어든 애초 정해진 순서와 절차에 따라서만 만들어지지 않는다. 프로그래머와 디자이너, 엔지니어, 마케터 등 다양한 분야의 전문가들은 한 팀이 되어 끊임없이 수정하며 제품을 만들어낸다. 회의와 브레인스토밍을 수없이 거친 뒤 시제품이 만들어졌어도 단순화에 중점을 두고 수정에 수정을 거듭한다.

잡스의 행동을 면밀히 살펴보면 우수한 인재를 발굴하여 자신의 비즈니스 센스를 접목한 뒤 우주의 흔적이 될 만한 제품을 만들어내는 것을 알 수 있다. 그는 한 텔레비전 방송에서 "경영 기법에 모델이 되는 사람이 있느냐"라는 질문에 이렇게 대답했다. "나의 비즈니스모델은 비틀스이다. 비틀스의 멤버 4명은 각자 문제를 안고 있으면서 서로 억제한다. 그들은 그렇게 균형을 맞추었다. 그리고 모두 하나가 됨으로써 개개인의 활동을 합친 것보다 더 큰 힘을 발휘했다. 이것이 내가 생각하는 비즈니스의 올바른 모습이다. 비즈니스의 위업은 혼자서 이룰 수 없다. 그것은 팀을 이루어야 가능한 일이다."

성공한 리더들은 한 가지 공통점이 있다. 고민의 시간을 관리하고 누구보다 먼저 즉시 실행한다는 것이다. 고민할 시간을 1/10로 나누어서, 그 시간에 열 번 실행한다. 철학과 전략만 분명하다면, 일단 실행하고 그 길이 맞으면 전력 질주하고, 그 길이 아니면 다시 갈 길을 찾는 것이다. 그들은 그러한 과정을 누구보다도 신속하고 순발력 있게 실행하며 무수한 시행착오 속에서 학습하고 성장하면서 점점 강해진다.

Part 5

비즈니스모델 전쟁에 참전하다

Biz Model War

먼저 우리 회사를 바꾸다

기업이란 빠르게 변화하는 경영 환경에서 새로운 경영 기법을 이해하지 못하면 순식간에 도태될 수밖에 없다. 그래서 많은 기업들이 경쟁력을 갖추기 위해 임직원 교육에 많은 시간과 비용을 투자한다. 이런 임직원들 교육은 주로 대학 교수나 대기업에 오랫동안 재직했던 사람들이 맡고 있다.

나는 삼성전자에서 컴퓨터 사업 부장으로 근무하다가 1988년부터는 경영 컨설팅과 교육을 시작했다. 삼성전자, LG전자, 현대자동차와 같은 기업체를 대상으로 컨설팅을 주로 진행하고 강의를 오랫동안 해왔다.

하지만 컨설팅 시장이 점차 외국계 회사로 넘어가면서 강의에 집중했다. 한편 기업 교육이 e-러닝으로 전환되면서 오프라인 교육 시장이 점점 축소되고 있다. 그래서 강의와 저술 활동에만 전념하기 시작했다.

2000년 이후 인터넷의 출현은 나의 활동에도 직접적인 영향을 미쳤다. e-러닝이 확대되면서 오프라인 강의가 위축되는 것을 막을 수는 없었다. 새로운 패러다임에 맞는 콘텐츠 개발 못지않게 교육 방식을 바꾸지 않으면 교육 시장에서 살아남을 수 없다는 위기감이 들었다.

워낙 급변하는 상황에서 시장은 점점 더 알 수가 없었다. 경영 환경과 시대의 흐름이 하루가 다르게 변화하면서 시장과 개인이 도대체 무엇을 원하는지 딱 꼬집어 진단하기 어려웠다. 이러한 고민은 '그동안 내가 진행해왔던 전통적인 강의 방법이 언제까지 유효할 수 있을까?' 하는 의문으로 이어졌다.

문득 '스티브 잡스라면 나와 같은 상황에서 어떻게 했을까?'라는 생각을 해보게 됐다. 그런데 그 순간 거짓말처럼 잡스가 나에게 말을 걸어왔다. "기존에 하던 비즈니스와 활동을 잠시 잊고 시장과 기술이 어디로 가고 있는지 생각해보세요."

경영 방식도 아날로그에서 디지털로 바뀌는 마당에 교육 방식이 변하지 않을 리 없었다. e-러닝도 예외는 아니었다. 대체되는 기업 교육 시장에 대책도 마련해야 했다. 비록 가상이지만 스티브 잡스의 조언은 이러한 현실을 제대로 보게 하는 계기가 되었다.

시대가 변하고 있기 때문에 과거의 콘텐츠를 기존 방식으로 강의를 하고 책을 쓴다는 것은 서서히 침몰하는 배와 같다. 시대의 변화에 맞추어 새로운 변화를 시도해야 하는데 그것도 쉬운 일이 아니다.

나는 나이가 63세로 첨단 기술이 주도하는 스마트 소사이어티에서 새로운 변화를 시도하다가 잘못되면 죽을 수도 있다. 하지만 생각이 젊은 잡스와 주커버그가 했던 것처럼 나도 'S·M·A·R·T 프로세스'로 나를 변화시켜 보기로 했다.

방향감각(Sense of direction)

새로운 변화를 해야 한다면 무엇보다 변화의 방향을 정확하게 잡아야 한다. 나는 변화의 방향을 스마트폰에서 찾았다. 2009년 12월, 아이폰(iPhone)을 처음 쓰면서 10년 전 인터넷 열풍이 생각났다. 미국 실리콘밸리에서 시작된 인터넷 벤처 열풍은 1999년과 2000년의 한국을 뜨겁게 달구었다. 그리고 2009년에 시작된 스마트폰 열풍은 마치 10년 전 인터넷 열풍을 떠올리기에 충분했다.

그때 이후 나는 스마트폰을 활용해서 어떻게 비즈니스 기회를 만들 것인가를 생각해 보았다. 아이폰을 사용하면 할수록 단순한 전화기가 아니라 휴대용 컴퓨터라는 생각이 들었다. 마치 10년 전 컴퓨터를 옮겨놓은 것 같았다. 그러면서 '나도 애플리케이션을 개발해 볼까?' 하는 생각이 들기 시작했다.

나는 10여년 전에 인터넷 벤처 사업을 하다가 쓰라린 실패를 겪었다. 당시 "두 번 다시 디지털 비즈니스는 하지 않겠다"고 선언하며 아날로그 비즈니스로 돌아갔다. 그러나 스마트폰과 앱 비즈니스를 보면서 10년 전 다짐은 점점 무너졌다. 그만큼 스마트폰을 활용한 비즈니스는 매력적으로 느껴졌다.

하지만 또 다시 디지털 비즈니스를 시작한다면 과거에 범했던 오류를 반복할 수는 없었다. 10년 전 인터넷 벤처 사업 당시에는 기술적 바탕이 없었고 창의적인 비즈니스모델도 아니었다. 그러니 디지털 비즈니스를 시작한다면 창의적인 아이디어가 있어야 한다는 생각으로 트리즈(TRIZ)를 이용하여 새로운 비즈니스 방향을 생각해 보았다. 새로운 고객 가치를 만들어야 하는데 기술 능력이 떨어지는 모순을 해결하기 위한 새로운 아이디어가 무엇인가를 트리즈 매트릭스에 대입했다. 그러니 스마트폰을 학습 매체로 이용하고, 앱 플랫폼(아이폰, 안드로이드)을 이용하여 앱을 개발하라는 결론이 나왔다.

뿐만 아니라 과거에 인터넷 비즈니스 컨설팅 회사가 성업하였던 것을 벤치마킹하여 앱 비즈니스를 컨설팅하는 것도 좋은 기회가 될 수 있다는 판단이 들었다. 그래서 새로운 비즈니스의 방향을 디지털과 아날로그가 결합된 앱 컨설팅(App consulting)으로 잡았다. 앱 컨설팅을 제대로 하려면 먼저 앱 비즈니스에서 성공 사례를 만들어내는 것이 필요하다고 생각하고, 회사 이름을 '창조경영아카데미'에서 '앱컨설팅'으로 바꾸기로 했다.

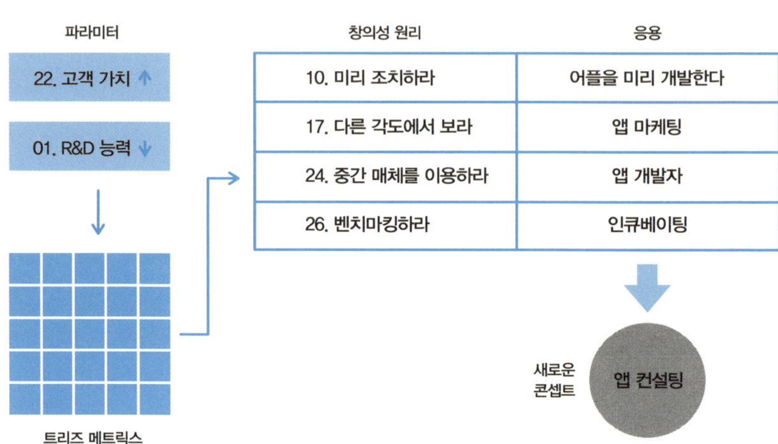

타잔이 정글에서 앞으로 나가기 위해서는 앞에 있는 밧줄을 잡음과 동시에 지금 잡고 있는 밧줄을 놓아야 한다. 나는 앞의 밧줄을 잡기 위해 지금 잡고 있는 밧줄을 과감히 놓았다.

제일 먼저 할 일은 내가 앱을 개발해 보는 것이었다. 하지만 나는 그동안 경영 관련 분야의 집필과 강의만 했을 뿐 애플리케이션을 만들어 본 경험이 없었다. 개발 능력이 없기는 매한가지였다. 하지만 나에게 이런 능력이 없다면 이를 도와줄 수 있는 사람을 찾으면 된다. 이후 나는 아이폰 앱(App) 개발자를 인터넷에서 찾아 간단한 앱을 개발했다. '넛지지수'라는 앱을 개발해서 앱스토어에 올리자마자 비즈니스 카테고리에서 1위, 전체 무료 앱에서 6위까지 올랐다. '아, 나도 앱을 개발할 수 있구나'라는 자신감이 생겼다.

융합사고(Mash-up think)

나는 오랫동안 책을 써 왔기 때문에 책을 사랑한다. 그러나 종이책이 가지는 한계가 있기에 새로운 형태의 책을 만들어 보고 싶은 생각을 가지고 있다. 2005년을 기점으로 기능이 좋은 휴대전화가 대거 쏟아져 나오면서 통신 속도가 개선되자 많은 기업들이 모바일 비즈니스에 관심을 보였다. 나 역시 모바일 관련 사업에 관심이 높았던 터라 그때까지 내가 쓴 책과 여러 곳에서 강의를 한 내용을 모바일로 서비스하는 '모바일 북(Mobile Book)' 사업을 진지하게 검토했다.

요즘 젊은이들이 책을 보지 않는다는 말을 많이 한다. 그러나 책을 보지 않는다고 탓만 할 게 아니라 책을 쉽게 접할 수 있는 환경을 만들어준다면 어떨까 하는 생각이 들었다. 그래서 휴대전화로 언제 어디서나 책을 볼 수 있게 하면 좋을 것 같았다.

모바일 북에 대한 생각이 어느 정도 가다듬어지자 이번에는 구체적인 구현 방식을 고민했다. 책 내용을 전부 텍스트 방식으로 올리기보다 주요 내용을 플래시로 제작해 보기 쉽고 재미있게 구성한 뒤 서비스를 하면 되겠다는 판단이 섰다. 나는 곧바로 '모바일 북스(Mobilebooks)'라는 도메인을 확보한 뒤 사업 방안을 모색했다.

하지만 넘어야 할 장벽이 너무나 많았다. 우선 콘텐츠를 플래시로 만드는 일이 쉽지 않았다. 뿐만 아니라 당시만 해도 휴대전화 액정 화면이 너무 작아서 글자를 보기 힘들었고, 마케팅도 만만치 않았다. 가장 치명적인 것은 모바일로 서비스하는 기술적인 문제가 만족할 만한 수준이 아니었다. 이런 악조건에서는 수익도 장담할 수 없었다. 결국 이 계획은 아이디어 다이어리에 기록해두는 한바탕 꿈으로 끝나고 말았다.

하지만 2009년 12월에 아이폰을 써보면서 모바일 북에 대한 꿈을 아이폰을 통해 실현할 수 있겠다는 자신감이 생겼다. 무엇보다 아이폰은 콘텐츠를 보기에 충분히 큰 화면이다. 그리고 그래픽이나 동영상을 자유롭게 처리하는 기능이 가능해서 애플리케이션 기술을 결합하면 모바일 북이 만들어질 수 있을 듯싶었다.

나는 단순히 기존 책의 콘텐츠를 모바일 디바이스로 볼 수 있는 e-북은 아니라고 생각했다. 읽기만 하는 책보다는 독자가 자신의 생각을 입력할 수 있다면 읽는 사람마다 다른 책이 될 수 있을 것이다. 스마트폰이나 태블릿PC의 앱 기술을 매시업(Mash-up)한다면 읽고, 쓸 수 있는 새로운 책을 만들 수 있을 것 같았다. 기존의 책을 스마트폰에 어떻게 집어넣을 것인가를 생각하는 것이 아니라, 스마트폰과 애플리케이션의 특성을 이용하여 새로운 콘셉트의 책을 만들 수는 없을까를 고민하기 시작했다.

앱 이펙트(App effect)˙

스마트폰이 지금처럼 고객이 즐겨 쓰게 된 것은 앱 효과(App effect) 때문이다.

스마트폰에 앱(App)이 출현하기 이전에는 모든 통신 시설의 이용은 통신회사가 독점했다. 앱은 누구든지 통신 시설을 이용할 수 있게 하는 소프트웨어이다. 하지만 앱을 이용하면 개인도 통신 시설을 이용하여 자신의 콘텐츠를 송출할 수 있고 콘텐츠 이용료를 수금할 수 있다. 스마트폰과 앱을 이용하면 개인과 개인 커뮤니케이션 P2P(Person to Person)가 가능하고 개인과 네트워크 커뮤니케이션인 P2N(Person to Network)이 가능해진다.

이렇게 개인이 개발한 앱으로 세상의 모든 이와 커뮤니케이션이 가능해지면서 과거에는 불가능했던 비즈니스모델이 가능하게 되었다. 또한 기존의 비즈니스에서도 앱을 정복하면 비즈니스모델이 바뀔 수 있다. 이를 '앱 이펙트(App effect)'라 한다.

하지만 앱 개발 그 자체만으로는 무의미하다. 앱(App)은 고객의 선택을 받아야 의미가 있다. 앞서 말했지만 앱은 고객에게 재미를 주거나 유익하지 않으면 의미가 없다. 따라서 앱 비즈니스를 생각할 때는 철저히 고객 관점에서 보아야 한다. 지금까지 없었던 상품이나 서비스도 고객 관점에서 만들어내면 팔릴 수 있다. 기존의 상품이나 서비스도 고객의 관점에서 개선해야 할 것이 있다면 그것을 앱 비즈니스로 연결하면 된다.

나는 '넛지지수'라는 앱을 개발한 이후에 본격적으로 앱을 활용한 비즈니스를 고민했다. 내가 쓴 60여 권의 책 중에서 본격적으로 앱(App)으로 개발할 만한 콘텐츠가 무엇인가를 찾아보았다. 나는 많은 콘텐츠를 가지고 있고, 기업 교육을 하면서 직장인들이 무슨 콘텐츠를 원하는지도 알고 있었다. 그래서 어떤 책을 주제로 앱(App)을 만들 것인가를 고민했다.

무엇보다 앱(App)이 흥미를 끌려면 간단하면서도 재미있는 소재라야 했다. 그러다 발견한 것이 바로 『점포창업 실전게임』이라는 책이었다. 이 책은 2003년에 『스타벅스 감성마케팅』을 쓰면서 스타벅스의 카페 경영 노하우가 매력적이라 생각해서 카페 경영 노하우를 책으로 만든 것이었다. 당시 카페를 운영하는 전체 프로세스를 게임 형태로 만들었다.

이 게임에 참가하는 사람들은 커피 전문점을 가상으로 창업, 1년 동안 운영하게 된다. 참가자는 커피 전문점 창업부터 1년 동안, 각각의 단계(준비기, 도입기, 경쟁기, 성장기, 성숙기)를 거치면서 많은 문제에 부딪히게 된다. 각 단계별로 적절한 마케팅 의사 결정을 하면서 커피 전문점을 운영하는 일종의 경영 시뮬레이션 게임이었다. 그래서 당시 '다빈'이라는 커피 전문점 이름으로 플래시 형태로 개발하여 CD를 만들었다.

나는 CD 형태로 개발된 이 카페 경영 게임을 스마트폰에서 활용할 수 있는 앱으로 만들어야겠다는 결심을 했다. 이 게임을 앱으로 개발한다면 스마트폰의 키보드를 이용해서 사용자의 생각을 입력할 수 있는 '읽고 쓰는 책(Read write book)'을 만들 수 있었다. 나는 이 게임을 '스마트경영게임'이라 이름 붙였다.

프로세스 혁신(Renovation Process)

그동안 나는 강의와 집필을 해왔다. 그래서 우리 회사에는 앱을 개발할 만한 기술 인력이 없었다. 앱을 개발하기 위해서는 외주를 써야 하는 상황이었다. 이전에 개발된 '넛지지수'나 '앱MBA'라는 앱 역시 외부 개발자에게 의뢰한 것이었다.

하지만 매번 앱을 개발할 때마다 적당한 개발자를 찾는 일이 쉽지 않았다. 뿐만 아니라 개발 후 사후 관리 측면에서도 여간 번거롭지가 않았다. 수정 사항을 전달해도 제때 반영이 되지 않았고, 어쩔 땐 연락이 두절되는 경우도 생겨서 부작용이 심각했다.

이런 일련의 과정을 몇 번 겪고 나자 나는 개발 프로세스에 변화가 필요함을 느꼈다. 그래서 스마트경영게임을 개발할 때는 내부에 개발 인력을 두자는 결론을 내렸다. 카페 경영 게임을 앱으로 개발하는 일은 좀 더 정교한 기술이 필요하고, 기간도 오래 걸리는 일이었다. 앱 개발자의 채용에 다른 사람들은 이해할 수 없다는 반응이었다.

"개발자를 채용하면 매월 지급되는 비용도 만만치 않을 텐데. 꼭 채용할 필요가 있나요?"

"맞습니다. 전과 마찬가지로 프리랜서를 쓰면 되지, 굳이 이렇게까지….."

그들의 염려를 모르는 것도 아니었다. 하지만 이왕 앱 비즈니스로 방향을 설정한 이상, 최소한 내부에 개발 인력이 있어야 했다. 수많은 시간을 투자해서 만든 앱 개발 노하우를 내부에서 꾸준히 축적한 덕분에 경쟁력은 갖추고 있었다.

결국 개발자 1명을 채용해서 상주하도록 했다. 이후 본격적인 개발 팀을 꾸렸다. 일단 외부에서 실력 있는 개발자를 채용해, 내부 개발자와 지속적으로 소통하도록 했고, 다른 한 편에서는 프리랜서 디자이너를 작업 과정에서 내부 개발자와 조율하도록 했다.

이렇게 3명이 한 팀이 되어 스마트경영게임 개발이 시작됐다. 외부 프리랜서는 주간에는 다른 일을 하고 있기에, 주로 야간에 앱 개발이 진행됐다. 그렇게 저녁 7시쯤 모여서 일을 하고 주요 업무는 메신저로 하며, 샘플을 e-메일로 주고받았다. 일요일에는 사무실에 모여서 업무 회의를 하고 기술적인 테스트 작업을 했다.

2~3개월이 지나면서 '스마트경영게임'은 서서히 모습을 드러내기 시작했다. 적은 인원이었지만 외주를 줘 개발을 의뢰할 때보다 결과는 훨씬 만족스러웠다. 만약 내부 개발자를 채용하지 않고 외

부 프리랜서에게 모든 개발을 맡겼다면 훨씬 많은 시간과 비용이 필요했을 것이다. 무엇보다 내부에 개발자가 있으니 내가 원하는 사항을 수시로 말할 수 있었고, 진행 상황을 바로 확인할 수 있었다. 덕분에 예상했던 시간보다 훨씬 빨리 앱 개발을 마칠 수 있었다.

실행(Try&Change)

'스마트경영게임' 앱이 개발되는 동안 나는 이 앱을 어떻게 마케팅할 것인가를 생각했다. 앱스토어에는 무료도 있지만 유료인 앱도 많다. 실제 스마트경영게임을 개발하기 위해서 들어간 비용도 상당했기에 앱을 유료로 할 것인가 무료로 할 것인가를 오랫동안 생각했다.

그러다 페이스북을 떠올렸다. 페이스북은 자체 서비스는 무료이지만 다른 방법으로 이익을 내고 있었다. 나 역시 페이스북의 정책이 현재 상황과 적합하다고 판단했다. 유료 앱을 판매해서 이익을 내는 것보다 많은 사람이 스마트경영게임을 다운받아서 경영 능력을 향상시키게 하고 이익은 다른 방법으로 만들어내는 것이 앱 비즈니스의 매력이라는 생각이 들었다.

그러던 중 우연히 하나은행에 교육하러 갔을 때 연수 책임자와 대화 중에 '스마트경영게임' 앱에 대해서 이야기를 나누었다. 그리고 나는 하나은행에 '스마트경영게임'을 소상공인과 직장인의 경영교육으로 제공하면 어떻겠느냐고 제안했다. 이후 은행에서는 나의 제안을 받아들였고 이후 하나은행에 스마트경영게임을 판매했다. 현재 하나은행에서는 이 앱을 무료로 T스토어에서 서비스하고 있다.

밖에서 찾아보자

총각네 벤처를 찾아서

스마트경영게임은 처음부터 안드로이드 플랫폼 기반에서 만들어졌다. 그래서 이를 기반으로 하는 스마트폰이나 테플릿PC에서는 함께 활용할 수 있다. 하지만 다른 플랫폼 기반에서는 활용할 수 없다는 한계가 있었다. 개발 과정에서도 나는 이 부분이 항상 아쉽게 느껴졌다. 특히 태블릿PC의 원조는 아이패드이고 비즈니스맨들이 아이패드를 선호한다는 점을 고려했을 때 아이패드에서도 이 앱을 활용하고 싶었다.

하지만 우리 회사의 개발력으로는 이미 안드로이드 플랫폼에 투입이 된 상태여서 아이패드를 동시에 공략하기는 힘들었다. 나는 어떻게 하면 이 문제를 해결할 수 있을지 몰두했다. 그러다 우연히 아이폰에서 앱을 살펴보던 중 책 형태로 된 새로운 앱을 발견했다. 올라온 지 얼마 되지 않은 아주 따끈한 앱이었다. 앱스토어에서 다운받아서 사용해 보니 책 느낌도 괜찮고, 무엇보다 이용자가 입력할 수 있는 기능이 있다는 점이 돋보였다.

그때부터 새로운 희망이 보이기 시작했다. 아이폰에서 운영되는 앱이라면 아이패드에서도 적용될 가능성이 높았다. 나는 마음이 급해졌다. 한시라도 빨리 이 앱을 개발한 업체를 찾아야 했다. 어렵게 수소문한 결과 스프링웍스(Spring works)라는 이름의 회사라는 걸 알게 됐다. 2009년 강원정보문화진흥원으로부터 우수창업업체에 선정되고, 2010년에 선도 기업으로도 선정된 벤처 회사였다.

이 회사에 대해서 좀 더 상세하게 알아보기 시작했다. 그리고 얼마 지나지 않아 내가 애타게 찾던 곳이라는 확신이 들었다. 스프링웍스는 스마트폰을 이용한 모바일 러닝과 전자책 개발 프로그램 계획을 발표했고, 이미 출판사 컨소시엄인 한국출판콘텐츠(KPC)와 (주)더난 출판사 간에 협약을 맺고 전자책 개발에 나서, 『끌리는 사람은 1%가 다르다』의 앱북을 만들었다.

이 회사의 연락처를 찾은 후 마음이 더 급해졌다. '033'으로 시작하는 전화번호였다. 당연히 서울에 있을 것이라 생각했는데 지방에 있는 회사였다. 전화를 걸어서 '033'이 어디인지를 물어보니

MORE ↗

'춘천'이라고 했다. 뜻밖이었다. 하지만 회사가 어디 있든 무슨 상관이랴.

앱북을 개발한 사람을 찾으니 서울로 출장 갔다고 한다. 담당자의 휴대폰을 알아서 다시 전화를 하니 "지금 서울의 e-러닝 전시회를 참관하고 막 춘천으로 돌아가려고 한다."고 했다. 그때 나는 이미 담당자를 만날 채비를 서두르며 개발자가 지금 어디 있느냐고 연신 물어 삼성동 코엑스 전시장이라는 답을 듣고 "지금 거기로 갈 테니 만나자"고 했다. 그렇게 스프링웍스라는 앱 개발 회사와는 코엑스에 있는 대형 서점에서 처음 만날 수 있었다.

"아이패드에서 돌아가는 읽고 쓰며 토론하는 책을 개발하고 싶습니다. 그게 가능할까요?"

"물론입니다. 그동안 아이폰용 앱북을 개발해왔기 때문에 아이패드용 앱북도 개발할 수 있습니다."

"그럼. 그 개발자를 한 번 만나서 구체적으로 협의를 하고 싶습니다."

"아이폰용 앱을 주로 대표가 맡고 있습니다. 춘천에 가서 대표와 상의해서 연락을 드리겠습니다."

그리고 다음날 스프링웍스의 대표로부터 연락이 왔고, 우리 회사로 방문하기로 했다. 회사를 찾은 박재균 대표는 20대로 보이는 총각 CEO였다. 2008년 8월 국내 최초로 아이폰 개발자 자격을 취득한 박 대표는 20여 종의 아이폰 애플리케이션도 개발했다. 호주 시

NEXT >

드니대학에서 컴퓨터 공학을 공부한 그는 당시 국내에 아이폰이 알려지지 않아, 미국에서 직접 아이폰과 자료를 수집해 공부했다고 했다.

그는 춘천에서 개발자와 기획자를 포함해 11명이 함께 일하고 있었다. 지방의 작은 회사였지만 기술적으로 앞서가고 있었으며 무엇인가 새로운 것을 만들어 내고 있었다. 내가 "읽고, 쓰고, 토론하는 새로운 콘셉트의 앱북을 애플 플랫폼에서 만들어 보고 싶다."고 하자 검토해서 의견을 주겠다고 했다. 2~3일 후 "같이 새로운 일을 하고 싶다."는 답변이 왔다.

나는 그들의 실력이 어느 정도인지 그리고 어떻게 일하고 있는지가 궁금해서 춘천으로 올라갔다. 주택가의 허름한 건물의 사무실에 들어서 보니 집을 사무실로 개조하여 사용하고 있었다. 불쑥 "이곳이 총각네 앱 벤처구나" 하는 생각이 들었다. 작은 방마다 대학을 갓 졸업한 듯한 총각들이 애플 컴퓨터 앞에서 프로그래밍하는 모습이 보였다.

나는 2003년에 젊은 총각들이 서울 대치동의 한 야채 가게에서 재미있게 장사를 하는 모습을 보았다. 나는 이 야채 가게의 스토리를 『총각네 야채가게』라는 제목으로 글을 썼고, 베스트셀러가 되면서 큰 호응을 얻었던 적이 있다. 그리고 7년이 지난 지금 춘천에서 조그만 벤처기업이 세상을 바꿀 만한 앱(App)을 개발하고 있는 모습이 너무도 신선하게 다가왔다.

새 포대에는 새 술을

처음에는 앱북 개발 때문에 이 회사와 인연이 되었지만 이 회사가
더욱 궁금해졌다. 가만히 보아하니 앱북 하나만을 개발하는 것 같
지는 않았다.

"젊은 대표. 보아하니 앱북 말고도 개발하는 게 더 있는 것 같
던데….."

"네. 지금 스마트폰용 LMS를 개발하고 있습니다."

스마프폰용 LMS라는 말에 깜짝 놀랐다.

스마트폰용 학습 플랫폼인 LMS(Leaning Management System)는 국내
에는 아직 아무도 개발하지 못했고 미국 제품이 몇 개 있을 뿐이었
다. 그런 플랫폼을 이렇게 작은 회사에서 만들고 있다는 사실이 놀
라웠다. 그래서 좀 더 구체적으로 개발 상황을 물었더니 대부분의
작업이 마무리 중이고, 조만간 개발이 끝난다고 했다.

이들이 적은 인력으로 솔루션을 개발하게 된 것은 개발하는 방
식이 다르기 때문이다. 대기업의 경험이 많은 개발자는 윈도우
(Window)에 익숙해서 과거의 방식으로 개발하지만, 이들은 새로운
운영체제(OS)나 모바일 플랫폼을 이용해서 개발하고 있었다. 하지
만 단순한 애플리케이션을 개발하는 것도 아니고 시간과 비용이 상
당히 필요했을 텐데. 어떻게 진행해왔는지 궁금하기만 했다.

"이런 큰 플랫폼을 개발하려면 적어도 5~6명의 개발자가 6개월

정도 투입되어야 할 텐데, 그 비용을 어떻게 충당했습니까?”

“네. 다행히 강원도의 벤처기업 지원 프로그램으로 개발비를 지원받고 있습니다.”

“아. 그렇군요. 그런데 그 플랫폼 마케팅은 어떻게 할 건지 궁금한데..”

“글쎄요. 사실 그간 개발에만 몰입하다 보니 아직 마케팅은 생각해보지 못했습니다.”

그 이야기를 듣는 순간 갑자기 나도 모르게 말이 튀어 나왔다.

“내가 마케팅을 좀 도와주면 어떨까요?”

“아. 그렇게만 해주시면 너무 감사하지요. 사실 우리 모두 마케팅을 어떻게 할 건지 막연하기만 했거든요.”

나는 그때부터 스마트폰 LMS를 좀 더 구체적으로 들여다보았다. 아직 개발이 완료되지 않는 상황이라 콘셉트를 다시 잡고 기능을 조금 추가할 필요성이 있었다. 이후 몇 가지 아이디어를 제안했고, ‘앱 칼리지(App College)’라는 콘셉트에 소셜 네트워크 기능을 추가하기로 했다. 지도자 중심의 LMS를 만드는 것이 아니라 수강자 중심의 LMS를 만들고 수강자들끼리 토론할 수 있는 스마트러닝 LMS를 만들어나가기로 했다.

지금도 e-러닝은 다양한 콘텐츠를 기반으로 오프라인 교육 이상의 튼튼한 교육 품질을 자랑하고 있다. e-러닝 콘텐츠는 초기 제작 비용이 많이 들지만 정부에서 지원금을 보조해주면서 시장이 커지

MORE ↗

게 되어 투자 이상의 매출이 올랐다.

하지만 고용보험 환급을 목적으로 노동부 심사 기준을 맞추기 위해 내용이 방대해지고 교육 시간이 길어지는 평가 위주의 방식으로 제작되는 부작용이 생겨났다. 더욱이 e-러닝 수강자가 PC 앞에 앉아서 한 달 내내 들어야 하는 일방향 교육이 되다보니 인터넷의 장점은 사라지고 있다. 그러면서 점점 스마트러닝의 필요성이 제기되고 있었다. PC에는 e-러닝이 적합하다면 스마트폰에는 스마트러닝이 필요하다. 새 포대에는 새 술을 담아야지 스마트폰에 e-러닝 콘텐츠를 담으면 격에 맞지 않다.

스마트러닝은 이러한 기존 문화의 벽을 뛰어넘는 학습 방법(Value over culture)이 될 수 있다. 트렌디한 기술과 비즈니스 콘텐츠를 언제 어디에서나 스마트폰으로 학습할 수 있고 학습 내용을 다른 사람과 즉시 토론할 수 있다.

스마트러닝은 스마트폰으로 앱(App)을 다운받아서 자유롭게 학습할 수 있어서 특히 현장 근무자나 영업·마케팅 직원들에게 좋은 공부법이다. 고객이 e-러닝 콘텐츠를 쉽게 이용할 수 있는 기기를 항상 휴대하고 있기에 앱스토어(App Store)를 이용하면 고객에게 러닝 앱을 손쉽게 보낼 수 있다. 앱스토어라는 시스템은 스마트폰 기기 회사나 통신 회사가 투자해놓은 상태이다.

스마트러닝 LMS는 이 사회적 투자시스템을 이용하여 손쉽게 수강자 맞춤형의 콘텐츠를 경제적으로 송출하고 또 수강자끼리 토론

할 수 있는 교량 역할을 할 수 있다. e-러닝 보다는 투자가 적지만
수강자 중심의 러닝 시스템을 만들 수 있는 것이다.

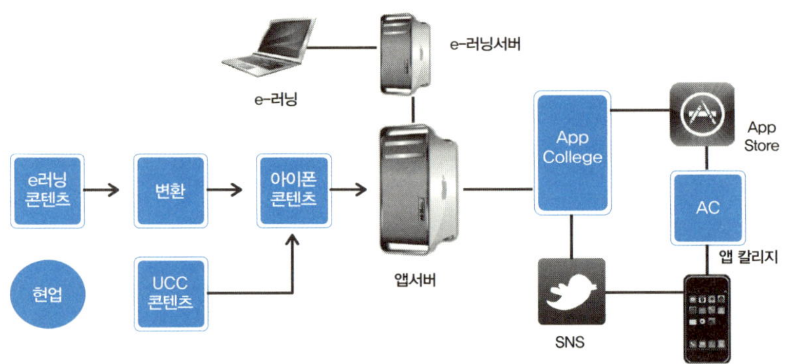

마케팅을 돕다

타조는 지상에서 가장 큰 새로 수컷 한 마리가 암컷 3~5마리를 거
느린다. 알을 품는 일은 주로 수컷이 하고, 기간은 40~42일 정도
다. 타조 알의 크기는 핸드볼보다 약간 작지만 단단해서 망치로 깨
야 할 정도다.

연약한 타조의 새끼들은 어떻게 이 단단한 껍질을 깨고 나올 수
있는 걸까? 새끼들의 부리에 답이 있다. 타조의 새끼들은 부리 끝

부분에 석회질을 녹일 수 있는 특수 물질이 분비돼 아무리 껍질이 단단해도 깨고 나온다. 하지만 어디에서나 그렇듯, 소수의 타조 새끼들은 껍질을 깨지 못한 채 안에서 바둥거리게 된다. 하지만 껍질을 깨지 못하는 타조 새끼는 안에서 죽게 되므로 어미의 입장에서는 위험한 상황이 아닐 수 없다.

이때 어미는 본능적으로 새끼가 알을 깨고 나와야 하는 시점을 알고 있으며, 적당한 시간이 지났음에도 알을 깨고 나오지 못하는 새끼가 있다면 나오기 쉽도록 밖에서 부리로 알을 톡톡 쳐준다. 그렇게 알 안쪽에서는 새끼가, 밖에서는 어미가 쪼면 껍질이 깨져서 세상 밖으로 나오게 된다. 이처럼 가만히 앉아 기다리지 않고, 끊임없이 밖에서 자극을 주면 그 자극을 통해 새로운 생명이 탄생할 수 있다.

벤처기업은 기술 개발에 강하여 새로운 제품을 개발하는 일은 잘하지만 막상 제품이 만들어지면 어떻게 판매해야 하는지에 대해서는 막막해 한다. 소비자를 상대로 하는 제품은 판촉과 유통 과정에 상당한 시간과 비용이 필요하다. 또한 기관을 대상으로 판매하는 경우에도 조직을 뚫고 경쟁해야 하기에 여간해서는 성공하기가 쉽지 않다. 이럴 때 외부의 적극적인 지원과 도움이 더해진다면 큰 성과로 연결될 수도 있다.

스마트폰용 LMS인 앱 칼리지(www.Appcollege.net)를 개발한 이 회사도 벤처기업 특유의 한계점을 지니고 있었다. 내가 이 회사에 마케팅적인 부분에서 도움을 준다면 새로운 시장을 개척하기가 훨씬 수월해질 것이라는 확신이 들었다. 물론 기존에 없던 새로운 플랫폼을 성공적으로 마케팅하기 위해서는 준비해야 할 것이 많았다. 무엇보다 앱 칼리지가 운영되려면 콘텐츠가 필요하다. 아무리 디자인이나 기능이 좋은 제품이라도 흥미로운 콘텐츠가 없다면 고객들의 관심을 끌지 못한다. 고심 끝에 내가 가지고 있는 콘텐츠를 앱 칼리지에 맞게 가공하여 시범을 보이는 것이 효과적이라는 판단이 들었다.

하지만 콘텐츠만 있다고 문제가 해결되는 것은 아니다. 앱 칼리지를 시장에서 널리 알리기 위해서는 무엇보다 여러 교육 기관들의 연계가 중요했다. 우선 여러 교육 기관들의 스마트러닝 구축 현황이 어떠한지를 파악해야 했다. 나는 지난 30년 동안 기업 교육을 해왔기에 각 기업체의 교육 책임자들을 알고 있었고, 대학원에서 교수를 지낸 적도 있기에 아직까지 대학 교수들과 인맥도 있었다.

한편 그동안 쓴 책을 기반으로 e-러닝 콘텐츠를 제작하여 크레듀와 삼성SDS 등에서 서비스하고 있었기에 e-러닝 관련자들과도 안면이 있다. 뿐만 아니라 우리 회사에서 개발한 앱 러닝(App Leaning) 콘텐츠들이 아이폰에서 서비스됨에 따라 시장에서 앱 러닝 전문가로서 인정도 받고 있었다. 이러한 나의 인맥과 인지도를 통해서 앱 칼리지를 알린다면 일이 훨씬 쉬워질 수 있었다.

그렇게 하나둘 마케팅 준비를 하던 중 뜻밖의 기회가 찾아왔다.

인사관리협회에서 주관하는 스마트러닝 세미나에서 '스마트 앱
러닝'이라는 주제로 나에게 강의 요청을 해왔다. 그 순간 나는 그
세미나에서 앱 칼리지를 소개해야겠다는 생각이 스쳤다.

무엇보다 세미나는 스마트러닝의 방법론에 대해 관심을 가진 기
업체의 연수 책임자가 모인 자리인지라 앱 칼리지(App college)를 소
개하기에는 좋은 기회였다. 스마트러닝 세미나에서 나는 "새 술
(스마트 콘텐츠)은 새 포대(스마트 LMS)에 담아야 한다."고 여러 차례 그
중요성을 강조했다.

코끼리를 스마트폰에 담는다

앱 이용자에서 창조자로

2009년 12월 24일에 아이폰을 처음 쓰면서 강하게 머리를 때렸던 것은 '이건 휴대폰이 아니라 컴퓨터다.'는 생각이었다. 그리고 2010년 1월에 나도 앱을 개발해 보자는 생각이 들어서 곧바로 실행에 옮겨 앱스토어에서 즉각적이고 큰 반응을 맛보았다.

자신감이 생겨서 유료 앱을 만들어 보고 싶었다. 그렇게 2010년 3월에 유료 앱을 만들어서 다시 앱스토어에 올리자 일주일 만에 비즈니스 분야에서 1위를 했다. 매일 앱스토어에 들어가서 내가 등록한 앱이 몇 개나 팔렸는지를 확인했다. 유료이기 때문에 이번에는 돈이 들어올 것으로 기대했다. 실제로 한 달쯤 지나자 은행에서 연락이 왔는데, 미국에서 송금이 와서 이체를 해주겠다는 전화였다. "얼마입니까?"라고 물으니 꽤 큰 금액이었다. 내가 잡스와 거래해서 얻은 첫 번째 소득이었다.

내가 앱의 매력에 빠진 것은 이때부터이다. 비록 나이는 예순하고도 셋이지만 생각을 젊게 하니 새로운 세상이 보이기 시작했다. 이후 내가 본 새로운 세상을 널리 알리고자 강의를 하고 책을 쓰고 컨설팅도 병행했다. 앱 비즈니스를 기업에 컨설팅했더니 빠르게 기업이 변해갔다. 내가 컨설팅한 기업에서 그 효과가 금세 나타나는 것을 보면서 이제는 우리 회사가 변화할 때라고 생각했다.

다른 회사만 스마트 비즈니스로 변화하라고 할 것이 아니라 우리 회사를 앱 비즈니스모델로 변화시키고 싶었다. 비록 작은 회사이지만 내가 우리 회사를 스스로 변화시켜서 성공 모델을 만들어낸다면 그것이 최고의 컨설팅 모델이 될 것이다.

대개 "중이 제 머리는 깎기 어렵다"고 한다. 컨설턴트가 자신의 회사를 컨설팅한다는 것은 쉬운 일이 아니다. 만약 내가 만든 변화 계획이 잘못되면 우리 회사는 망한다. 큰 회사야 한두 사업이 잘못되어도 큰 위험에 빠지지 않지만 작은 회사는 하나만 잘못 되어도 그대로 운명할 수도 있다.

이때부터 우리 회사의 운명이 걸린 '제 머리 깎기'가 시작됐다. 아직 아무도 이런 일을 시도한 바 없고, 앞을 알 수도 없는 위험한

도전에서 내가 오로지 믿을 수 있는 것은 'S·M·A·R·T 프로세스'
였다. 내가 옳은 일을 하고 있다면 올바른 방법으로 기획하고 추진
하는 수밖에 없다. 처음 'S·M·A·R·T 프로세스'로 사업 방향을
'앱 컨설팅'으로 잡은 지 이미 8개월이 지났다. 2011년의 새로운
전략을 짜려면 다시 초심으로 돌아가서 'S·M·A·R·T 프로세스'로
가기로 했다.

Sense of direction 방향감각
Mash-up think 융합사고
App effect 앱 이펙트
Renovation process 프로세스 혁신
Try & Change 실행

또 다시 'S·M·A·R·T' 변화

방향감각(Sense of direction)

스티브 잡스는 "우리는 비전을 놓고 도박을 한다. 남을 따라 하는
제품을 만들 바에는 차라리 도박을 하는 것이 낫다."고 말했다. 이
처럼 새로운 가치를 만드는 것이 비전이 되어야 한다. 나는 지난 1
년 동안 오로지 스마트폰과 애플리케이션(App) 개발을 위해 수많은

개발자를 만나서 기술을 공부했고 여러 기업을 찾아다니면서 스마트 비즈니스에 대한 니즈를 파악했다.

스마트폰이 국내에 도입되는 초기 단계에서는 마니아들이 열광했지만 점차 대중화되면서 대중적인 애플리케이션들이 쏟아져 나왔다. 2010년 하반기 들어서는 국내 대기업과 금융기관이 직원들에게 스마트폰을 지급하면서 스마트폰을 비즈니스에 활용하고 싶어 했다.

하지만 국내에서는 아직 애플리케이션이나 콘텐츠가 턱없이 부족하다. 나는 이러한 현실적인 부분을 파악하고 우리 회사의 방향을 설정했다. B2C앱 보다는 B2B앱을 개발하고 기업에서 앱을 이용한 혁신을 컨설팅하는 일이 나의 방향이라고 생각했다.

융합사고(Mash-up think)

스티브 잡스는 "훌륭한 예술가도 모방하고 위대한 예술가도 다른 사람의 아이디어를 응용한다."라는 피카소의 말을 자주 인용했다. 잡스의 창의성은 여러 요소를 독특한 방식으로 연결하는 연결 사고에 기인한다.

앱(App) 개발도 마찬가지다. 앱 개발은 과거의 다른 프로그램 개발과는 방법이 다르다. 과거의 IT는 내부 프로그래머가 지금 하는 일을 프로그래밍하지만 앱은 지금까지 하지 못했던 일을 프로그래밍한다. 모든 것은 내가 직접 프로그래밍하는 것이 아니라 개방된 기술(Open

API)를 최대한 이용하여 융합(Mash-up)하는 프로그래밍을 한다.

　매시업은 세 가지 장점을 가진다. 세계 최고 수준의 기술로 오픈 API가 만들어져 있기 때문에 오픈 API를 이용하면 최첨단 기술을 접목할 수 있다. 본인이 개발해야 할 일의 절반 또는 4분의 3이 이미 오픈 API로 이용할 수 있기 때문에 개발 노력을 최소화할 수 있고 개발 기간을 단축할 수 있다. 오픈 API는 기술이 자동으로 업데이트돼 본인의 노력을 최소화할 수 있다.

　앱(App)에는 '설치형 앱(Native App)'과 웹에서 돌아가는 '웹 앱(Web App)'이 있다. 설치형 앱은 스마트폰에 앱을 다운받아서 설치하는 형태이고, 웹 앱은 기본 프로그램은 웹(Web)에 있고 앱의 아이콘만 있는 형태이다. 설치형 앱은 아이폰에 또는 안드로이드에 맞게 개발해야 하지만, 웹 앱은 웹에 있는 내용을 끌어다가 보는 것이기 때문에 기종에 상관없이 이용할 수 있다. 기존의 웹(Web)을 이용해서 앱을 만들려면 새로운 웹 표준인 'HTML5(Hyper Text Markup Language)'를 이용한다. 이 웹 앱과 HTML5를 이용해서 콘텐츠를 제작한다면 회사마다 자사의 컴퍼니 앱스토어(Company AppStore)가 만들어질 수 있다.

　기업의 애플리케이션 부족 현상을 '컴퍼니 앱스토어'를 이용하면 일거에 해결할 수 있다. 컴퍼니 앱스토어라는 콘셉트는 웹 앱(WebApp)과 콘텐츠 제작툴(HTML5)의 융합 사고(Mash-up)에서 나온 것이다.

앱 이펙트(App Effect)

애플에서 아이폰3G를 처음 만들었을 때는 그리 많이 판매되지 않았다. 하지만 2007년에 3GS를 만들고 앱스토어(AppStore)를 오픈하면서 판매가 급증했다. 이른바 앱 효과(App Effect)가 나타난 것이다.

스마트폰은 화면 전체에 여러 개의 아이콘이 뜨는데 이것이 애플리케이션(App)이었다. 아이콘을 터치하기만 하면 재미있는 애플리케이션이 금세 돌아갔다. 사람들은 이때 처음으로 앱(App)의 위력을 실감했다.

물론 이전에도 스마트폰이 없었던 것은 아니지만 애플리케이션이 빈약하고 조작하기도 어려웠다. 2009년 하반기에 옴니아폰을 지급했던 한 기관에서는 1년 내 고민을 하다가 결국 2010년 11월에 기존에 지급했던 옴니아를 회수하고 아이폰4나 갤럭시로 다시 지급하기로 했다. 옴니아와 갤럭시는 하드웨어는 비슷하지만 애플리케이션에서 큰 차이가 난다.

그러나 문제는 또 있다. 기업이나 기관에서는 아이폰4나 갤럭시를 지급한다고 하더라도 대부분의 애플리케이션이 개인 고객을 위한 것이지 비즈니스나 업무에 쓸 만한 애플리케이션이나 콘텐츠가 부족하다. 기기는 세계 최고 수준이지만 업무용으로 쓰기에는 턱없이 부족한 면이 많았다.

나는 지난 1년 동안 세계적인 오픈 API 프로그램과 국내에서도 여러 가지 플랫폼을 개발한 업체들을 알게 됐다. 기업의 애플리케이션 부족 현상을 해결할 수 있는 방법을 생각하다가 '기업용 앱스토어'가 가능하다는 것을 알았다.

BMW나 포드, 인텔 같은 회사에서는 실제 기업형 앱스토어(AppStore)를 만들고 있다. 포드와 BMW는 자동차용 앱스토어를 만들어 안전운행 앱, 기름 소비를 줄이는 앱, 여행 가이드 앱, GPS 네비게이션 앱 등을 스마트폰이 아닌 자동차 대시보드에 내려받아 활용할 수 있게 한다. 또 반도체 업체인 인텔은 자체 앱스토어인 앱업(AppUp)을 개발해서 오픈했고, 소프트업체인 어도비는 자체 앱스토어인 '어도비 인마켓'을 공개했다.

사용자들은 다양한 모바일 기기를 넘나들며 어도비 소프트웨어(플래시, HTML, 포토샵 등)를 활용한 앱을 올리거나 내려받을 수 있다. 이제 앱스토어(AppStore)는 애플이나 구글의 전유물은 아니다. 기업도 자체 앱스토어를 만들어서 다양한 애플리케이션(App)을 올리고 내려받을 수 있다.

프로세스 혁신(Renovation process)

애플은 아이팟(iPod)을 생산하는 공장이 없이도 기기를 2억 대 가량 만들고, 아이폰도 1억 대가량 만들고 있다. 생산 공장 없이도 3억 대가량의 기기를 만들 수 있는 것은 그들이 일하는 방식을 혁신했기 때문이다. 나는 초기에 앱(App)을 개발하면서 개발자를 찾는데 애를 먹었다. 그래서 누구나 손쉽게 앱을 만들어 볼 수 있도록 앱

에디터(AppEditor)를 개발하여서 일반인이 쓸 수 있도록 무료로 오픈했다. 앱에디터(www.AppEditor.net)는 일반인이 앱을 개발해 볼 수 있도록 만든 일종의 플랫폼이라고 할 수 있다.

그리고 앱을 만드는 앱 에디터를 개발한 지 6개월이 지났을 때 신문에서 BMW, 포드, 인텔에서는 "회사용 앱스토어를 만들었다."는 기사를 보았다. 나는 어떻게 하면 기업형 앱스토어를 만들 수 있는지를 알기 위해 전문가들을 찾아다녔다. 전문가들의 의견을 종합해보면 "2년 전에 비해 새로운 기술들이 많이 나왔고 오픈 API가 많이 있기 때문에 가능한 일이다."라는 것이다.

나는 앱스토어를 만드는 일에 도전하고 싶었다. 그래서 회사의 콘셉트를 "앱스토어를 만듭니다"로 정했다. 기업형 앱스토어를 만드는 일은 각 기업마다 IT 수준과 스마트 기기의 보급 상황에 따라 다르기 때문에 그 회사 실정에 맞게 개발을 해야 한다.

그렇다고 기업들에 무작정 "기업형 앱스토어를 만들어 드리겠다."고는 할 수 없었다. 우선 컴퍼니 앱스토어가 가능하다는 것을 보여주는 데모 앱을 만들어야 했다. 그래서 나는 HTML5 전문가를 찾아 나섰다. HTML5 전문가를 찾는 일은 생각보다 어려웠다. 인터넷을 뒤져서 HTML5 교육 과정을 찾다가 딱 한군데 HTML5를 가르치는 곳이 있었다.

HTML5를 강의하는 사람이면 전문가일 것이라는 생각으로 강사를 만났다. HTML5 전문 강사를 만나서 데모 앱을 만들어 달라고 부탁했다. 그는 2주 후에 내가 원하는 데모용 웹 앱(WebApp)을 개발해 주었다. 그 사이에 우리 회사의 프로그래머를 HTML5 교육 과정에 보내서 학습하게 하고 전문 강사의 지도를 받아서 HTML5 프로그래밍 능력을 키웠다.

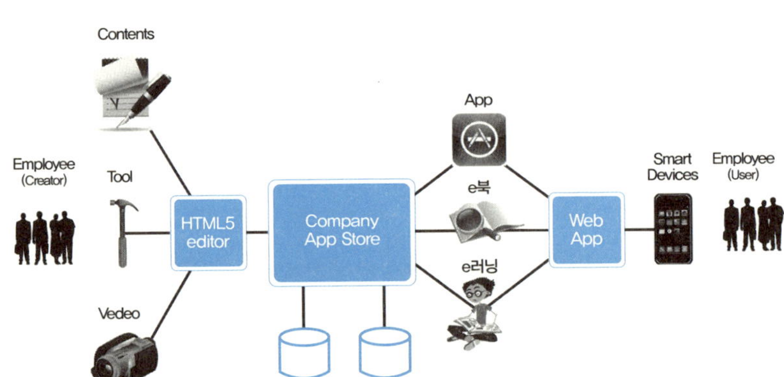

기업형 앱스토어 구성도

실행(Try & Change)

기업형 앱스토어를 만들겠다는 새로운 생각이 나자 실행에 옮겼다. 우리 회사의 콘셉트를 "앱스토어를 만듭니다."라고 정하고 곧바로 회사 간판을 바꾸었다.

스티브 잡스가 고객에게는 "누구든 앱을 만들어서 거래하는 앱스토어를 만들었다면, 우리는 직원이 앱(콘텐츠)를 만들고 직원끼리 공유하는 기업형 앱스토어를 만든다."는 점을 강조했다.

코끼리를 스마트폰에 담는 방법 : 웹 앱스토어

코끼리를 냉장고에 넣을 수 있는 방법은 없지만 코끼리를 스마트폰에는 담을 수는 있다. 여기에서 코끼리란 '고객이 가진 지식'을 뜻한다. 스티브 잡스는 고객이 가진 지식을 애플리케이션으로 만들어 스마트폰에 담을 수 있도록 앱스토어(AppStore)를 만들었다. 그러고는 고객이 앱을 개발할 수 있도록 개발용 키트(SDK)를 고객에게 개방했다.

앱스토어(AppStore)란 웹(Web)에 존재하는 하나의 가상 공간이다. 이곳에 누구나 자유롭게 앱이나 콘텐츠를 올리고 스마트폰으로 앱이나 콘텐츠를 내려받을 수 있다. 고객은 손쉽게 앱을 개발해 자유롭게 앱스토어에서 거래할 수 있게 함으로써 고객을 창조자로 변화시켰다. 잡스가 한 위대한 일은 그동안 이용자로서 '고객'이 창조자가 될 수 있는 기회를 제공한 것이다. 고객에게 필요한 것은 고객이 가장 잘 안다. 그동안은 자신이 그것을 만들 수 없었을 뿐이다.

앱스토어가 고객을 이용자에서 창조자로 바꾸어 놓았다면, 기업마다 자신들만의 앱스토어가 있다면 어떨까? 직원은 단순한 이용자에서 창조자로 바뀔 수 있다.

직원들은 코끼리만큼 커다란 실무 지식을 가지고 있다. 다만 이 코끼리만한 지식을 담는 도구가 없었던 것이다. 직원들의 실무 지식을 앱과 콘텐츠로 만들어서 앱스토어에 올린다면 코끼리만한 아이디어를 스마트폰에 담아서 모든 직원들이 공유할 수 있다.

그동안 기업이 자체 앱스토어를 만들 생각조차 없었던 이유는 필요성을 느끼지 못했던 점과 더불어 기술적인 어려움이 있었다.

앱 기술이 나온 초기에는 앱을 만드는 일도 쉽지 않았지만 새로운 앱 기술들이 개발되면서 앱스토어도 만들 수 있다.

웹(Web)을 기반으로 한 앱(App)인 '웹 앱(WebApp)' 형태로 앱스토어를 만들면 '기업형 앱스토어'가 가능하다. 그런데 왜 우리는 웹 앱을 알지 못했을까? 운영체제(OS)가 아닌 브라우저에서 콘텐츠를 생성하고 표현하는 플랫폼인 HTML5을 쓰면 웹 기반의 앱을 손쉽게 만들 수 있다. 그러나 마이크로소프트의 윈도우에서는 HTML5가 지원되지 않았다. 우리나라는 94%가 윈도우를 쓰기 때문에 2009년에 새롭게 설정된 웹 표준인 HTML5의 가치를 간과했다. 애플의 사파리나 iOS, 구글의 안드로이드 크롬에서 HTML5로 애플리케이션을 만들면 아이폰이나 안드로이드폰 크롬에서도 앱을 다운받아 쓸 수 있다.

애플에서 앱스토어를 먼저 시작했지만 그게 꼭 애플의 전유물만은 아닌 것이다.

기업에서도 '기업형 앱스토어(Company Appstore)'를 만들 수 있다. 기존의 e-러닝 콘텐츠나 비즈니스 콘텐츠를 웹 앱을 이용해 직원들이 스마트폰에서 이용할 수 있다. 웹 앱을 이용하면 기존의 IT 시스템에서 만들어진 각종 정보와 콘텐츠를 볼 수 있고 바로바로 이용 할 수 있다. 나아가 직원들이 단순히 콘텐츠를 이용하는 것뿐만 아니라 스스로 콘텐츠를 창조할 수 있다.

HTML5에는 콘텐츠를 쉽게 만들 수 있는 제작 도구가 있기에 직원들이 생생하게 살아있는 지식과 콘텐츠를 e-러닝이나 e-북 형태로 제작하여 컴퍼니 앱스토어에 올릴 수 있다. 국내 기업들 중에서도 이미 웹 기반의 앱인 웹 앱(WebApp)을 만들어 내부용으로 이용하고 있는 곳이 있다. 여기에 '앱스토어' 콘셉트를 접목할 수 있다.

앱스토어의 본질은 사용자가 앱이나 콘텐츠를 창조하여 사용자끼리 거래하게 하는 것이기에, 이를 기업 내부에서 응용하는 것이다. 직원이 콘텐츠를 만들어 올리고 그걸 직원들이 이용하는 앱스토어를 만들면 된다. 직원들이 손쉽게 콘텐츠를 만들 수 있도록 도구를 제공하면 현장의 산지식을 콘텐츠로 만들어서 직원끼리 공유할 수 있는 것이다. 직원들이 신사업 아이디어나 혁신 아이디어를 아이디어 앱스토어에 올리면 다른 직원들이 공유하고 더 좋은 아이디어를 낼 수 있다.

앱스토어가 고객을 앱 창조자로 변화시켰듯이 기업형 앱스토어는 직원을 콘텐츠 창조자로 변화시킬 수 있다. 기업형 앱스토어는 '창의 기반 혁신'의 플랫폼으로 쓸 수 있다. 나는 다른 회사에서 "기업형 앱스토어를 만드십시요"라고 하기 전에 우리 회사 안에 앱스토어를 만들기 위해 웹앱스토어(www.webappstore.kr)라는 웹 사이트를 개발했다.

에필로그

새로운 비즈니스모델을 만들 수 있는 기회가 왔다

2010년 9월 8일, 잠실의 롯데호텔 'CVISION 국제 컨퍼런스'가 하루 동안 열렸다

징가(Zynga), 트위터(Twitter), 야머(Yammer), 레이어(Layer)등 스마트폰 애플리케이션에서 최고 회사의 경영진과 개발 책임자들이 강연을 했다. 스마트폰의 인기가 최고조에 달한 시점이어서인지 많은 사람들이 참가했다. 20만 원이라는 높은 참가비였지만 600명을 수용하는 그랜드볼룸에는 빈자리가 없었다.

징가의 골드버그 수석 부사장의 강연이 시작되자 참가자들은 그의 프레젠테이션에 몰입했다. 하루 800만 명이 게임을 즐긴다는 팜빌(Farmville)은 4명이서 6주 만에 개발했다고 한다. 처음에 크고 완벽한 게임을 개발하는 것이 아니라 새로운 콘셉트의 게임을 간단히 만들어서 발표를 하고 고객들의 반응을 보면서 계속 업데이트를 한다고 했다. 징가에서는 작은 게릴라팀(Guerrilla team)이 간단한 게임을 빠르게 개발한다. 징가에서는 팜빌뿐만 아니라 카페월드, 마피아 게임 등 20여 종의 소셜 게임(Social game)이 있다.

이어서 트위터의 리안사버 이사가 트위터를 개발하게 된 비사를 소개했다.

트위터는 4년 전에 에반 윌리암스가 쓴 메모지 한 장에서 출발했다. 스마트폰이 나오면서 사람들은 위급한 상황에서 간단한 문자를 빠르게 전달하는 트위터를 애용하기 시작했다.

트위터는 보다 많은 사람들이 쓰게 하려는 목표를 세우고 개발자들이 트위터를 이용해 애플리케이션을 개발할 수 있도록 API를 오픈했다.

이런 개방 정책으로 인해 트위터에는 30만 개의 애플리케이션이 있고, 트위터 트랜잭션의 65%는 트위터가 아닌 다른 플랫폼에서 이루어지고 있다. 불과 4년 전에 2~3명이 시작한 작은 회사가 서비스를 유료화하지 않고 무료와 개방 정책으로 고객의 숫자를 기하급수적으로 늘려나가고 있다. 고객 숫자가 많은 트위터에 투자하려는 대기업과 투자자도 줄을 섰다.

트위터가 성공하자 트위터의 개념을 새롭게 응용한 회사들이 생기고 있다. 스마트폰의 LBS 기능을 이용한 지역 트위터인 포스퀘어(FourSquare)가 생겼고 기업 전용 트위터인 야머(Yammer)도 탄생했다.

'CVISION 국제 컨퍼런스'에서 야머의 스티브 애펠버그 부사장이 서비스 전략을 소개했다. 야머는 보안성을 보강하여 기업 내부 사람들끼리 소셜 네트워킹을 할 수 있는 서비스를 개발했다. 2년 전에 3~4명이 시작한 이 회사의 서비스는 세계적인 대기업들이 내부 커뮤니케이션 플랫폼으로 이용하고 있다.

증강현실(AR)에서 세계 최고의 회사로 인정받는 레이어(Layer)도 3~4명의 게릴라 팀으로 시작했으며 아직도 30여 명의 작은 조직으로 운영되고 있다. 징가, 트위터, 레이어, 야머의 공통점은 생긴 지 3~4년 밖에 안 되는 신생 기업이고, 모두가 3~4명의 작은 게릴라 팀으로 출발했지만 지금은 세계적인 플랫폼 회사가 됐다는 것이다.

이처럼 스마트 비즈니스는 작은 팀으로도 세계 최고 수준에 도달할 수 있는 절호의 기회다. 스마트폰과 앱스토어는 새로운 시장을 찾아내고 비즈니스를 혁신할 수 있는 대포와 같다. 스마트폰을 휴대폰 대용으로만 쓰는 것은 대포로 모기를 잡는 어리석음에 비유할 수 있다.

한국은 하드웨어나 소프트웨어, 통신 기술에 있어서 세계 최고 수준을 갖추었다. 다만 새로운 비즈니스모델을 만드는 새로운 아이디어가 부족할 뿐이다.

창의란 새로운 것을 생각하는 것이고 혁신은 그 생각을 실행하는 것이다. 지금 우리에게는 비즈니스모델 혁신을 할 기회가 왔다. 그런데 기술을 가진 사람은 비즈니스 마인드가 조금 부족한 것 같고, 비즈니스 리더들은 기술을 이해하는 능력이 다소 부족한 것 같다.

기술자들은 생각의 넓이를 키우기 위해 자신의 생각 나이에 1.5를 곱하고 리더들은 생각 나이를 젊게 하기 위해 나이에 0.6을 곱하라. 나는 "매일 아침에 생각 나이에 0.6을 곱한다."는 의식 행위로 청바지를 입고 출근한다.

HTML5

멀티미디어 내부적 구현 차세대 웹표준

디지털타임스 2010년 12월 22일자 18면 기사

강희종기자

최근 구글이 크롬 웹 브라우저에서 작동하는 웹스토어를 발표하면서 HTML5에 대한 관심이 높아지고 있습니다. 그동안 HTML5는 개발자들이나 얼리어답터들의 관심사였는데, HTML5로 개발된 웹 애플리케이션이 등장하면서 이제는 일반 네티즌들도 HTML5를 실감할 수 있게 됐습니다. HTML5는 스마트폰, 태블릿PC 등 모바일 컴퓨팅 환경이 빠르게 확산되면서 더욱 그 진가를 발휘할 것으로 예상됩니다.

MORE ↗

다시 주목받는 웹 표준

HTML(HyperText Markup Language)은 인터넷 웹 사이트를 만드는 일종의 프로그램 언어입니다. HTML은 1990년대 팀 버너스 리에 의해 창안됐으며 월드와이드웹컨소시엄(W3C)을 통해 표준이 제정됩니다. W3C에 의한 HTML 표준의 최종 버전은 1999년 발표된 HTML4.01 버전입니다. 그리고 HTML5는 2007년부터 논의되기 시작했으며 2012년에야 표준이 완성될 예정입니다.

2000년대 들어 인터넷 환경은 급속도로 발전했으나 웹 표준은 진전되지 못했습니다. 표준이 기술의 발전 속도를 따라잡지 못했기 때문이죠. 인터넷 사업자들은 기술 표준을 기다리지 못했고 이에 따라 다양한 '변종'들이 나타나기 시작했습니다. 우리가 잘 알고 있는 액티브엑스(ActiveX)나 플래시(Flash)와 같은 기능들이 좋은 예입니다. HTML이 가진 한계를 극복하기 위해 W3C는 다양한 기능을 지원하는 XML(extensible markup language)이라는 새로운 마크업 언어를 표준화하기도 했습니다. 또, 웹 페이지를 보다 정교하게 작성하고 웹페이지 간 통신을 위해 CSS3나 AJAX(asynchronous JavaScript and XML)와 같은 기능들도 탄생했습니다.

표준이 늦어지고 변종들이 등장하면서 점점 많은 부작용이 나타나기 시작했습니다. 가장 큰 문제는 호환성입니다. 국내 다수의 기업들은 액티브엑스나 플래시 기능을 이용해 홈페이지를 제작하고 있는데, 파이어폭스와 같이 비표준을 지원하지 않는 웹브라우저에서는 이런 기업의 홈페이지를 제대로 볼 수 없습니다.

우리나라에서 가장 많이 사용하는 웹브라우저인 마이크로소프트(MS)의 인터넷익스플로러는 이러한 변종 기능들을 지원하고 있습니다. 그 덕분에 편리한 기능들을 많이 사용할 수 있지만 반대로 보안 사고가 빈번하게 발생하는 문제가 발생했습니다.

그동안 우리나라에서는 웹 표준의 문제점을 인식하지 못했으나 스마트폰의 등장으로 여러 가지 불편함이 드러나기 시작했습니다. 대표적으로 애플의 아이폰에 내장된 사파리라는 웹브라우저는 액티브엑스와 플래시를 지원하지 않고 있습니다. 갤럭시S는 플래시를 지원한다는 점을 강점으로 내세울 정도였습니다. 하지만 국내 인터넷 사이트에 보편화된 액티브엑스는 스마트폰이나 태블릿PC에서는 이용할 수 없습니다.

이에 따라 국내외 유명 웹 사이트들이 다시 웹 표준에 대한 관심을 갖게 됐고 HTML5가 주목받기 시작했습니다. HTML5는 플러그

MORE ↗

인 프로그램 없이도 각종 기능을 수행할 수 있기 때문입니다. 이미 국내에서도 네이버와 다음 등 대표적인 인터넷 포털들이 HTML5를 이용해 모바일 사이트를 구축해 서비스하고 있습니다.

HTML5의 주요 특징

HTML5가 인터넷 업계에 알려지기 시작한 것은 2009년 구글이 웹 개발자 컨퍼런스인 '구글 I/O'에서 자사의 서비스가 아닌 HTML5를 시연하고 차세대 웹 기술로 HTML5를 지원하겠다고 천명하면서부터입니다. 이후 스티브 잡스는 애플 아이폰에 플래시 탑재를 거부, HTML5를 대응 기술로 내세우면서 HTML5에 대한 관심이 높아졌습니다.

HTML5가 처음 등장한 것은 2004년으로 거슬러 올라갑니다. 당시 웹브라우저 벤더들과 개발자 커뮤니티가 주축이 된 웹 하이퍼텍스트 애플리케이션 워킹그룹(WHATWG)은 웹브라우저의 호환성, 구조적이고 의미 있는 마크업 및 편리한 웹 폼 기능을 제공해 웹 개발자들의 생산성을 높이고 웹 애플리케이션을 개발할 수 있는 새로운 표준안을 제안했습니다. 그리고 2007년 W3C가 WHATWG의 제안을 수용하면서 HTML5의 표준화 활동이 시작됐습니다. HTML5는 2012년 표준안이 완료되지만 이미 올해 초 권고안이 발표된 상태여서 대부분의 기능을 이용할 수 있습니다.

HTML5는 기존 HTML4와 호환되면서도 그동안 비표준으로 통용되던 다양한 기능을 지원하고 있는 것이 특징입니다. 특히 이미 웹 콘텐츠의 일부가 되어 버린 비디오와 오디오 콘텐츠 재생을 웹 브라우저에서 내부적으로 구현했습니다. 또 캔버스(Canvas)와 벡터 그래픽(SVG)을 통해 2차원 도표와 같은 콘텐츠도 마크업으로 표현할 수 있도록 구현했습니다.

또한 HTML5는 서버와 독립적인 웹 애플리케이션의 개발이 가능하다는 장점이 있습니다. HTML5는 로컬 스토리지, 웹 데이터베이스, 앱 캐시 등의 기능을 지원해 인터넷 접속이 끊긴 상태에서도 웹 애플리케이션을 작동시킬 수 있습니다. 이같은 HTML5의 오프라인 지원 기능은 다양한 멀티미디어 기능과 더불어 웹 애플리케이션이라는 새로운 시장을 열어가고 있으며 특히 모바일 환경에서 그 진가를 발휘할 것으로 전망됩니다.

모바일과 HTML5

구글, 애플이 잇따라 HTML5의 지원 계획을 밝히면서 앞으로 HTML5로 제작된 웹 애플리케이션의 비중이 크게 늘 것으로 전망됩니다. HTML5는 앞서 언급했듯이 멀티미디어 기능과 오프라인 실행, 그리고 측위(Geo Location) 기능을 포함하고 있어 다양한 웹 애플리케이션을 개발할 수 있기 때문입니다. 또 웹 애플리케이션은 아이폰 운영체제(iOS)나 안드로이드 OS 등 플랫폼에 구애를 받지 않기 때문에 개발자나 이용자 측면에서 매우 효율적이라고 볼 수 있습니다. 전문가들은 향후 모바일 시장에서 웹 애플리케이션이 네이티브 애플리케이션(Native application)을 빠르게 대체할 것으로 예상하고 있습니다.

NEXT >

앱스토어를 만듭니다

2009년에 애플에서 만든 앱스토어(Appstore)는 스마트폰 이용자를 앱(App) 창조자로 변화시켰습니다. 2010년부터 BMW, 포드, 인텔, 시스코에서는 기업형 앱스토어를 만들어서 직원을 아이디어 창조자로 키워나가고 있습니다.

직원들이 사내 앱스토어에서 지식과 아이디어를 창조해서 올리고 이를 다른 직원들이 공유함으로써 더 큰 지식과 아이디어를 만들어 내고 있습니다.

웹앱스토어(WebAppstore)는 웹으로 콘텐츠를 제작하고 앱으로 볼 수 있는 앱스토어입니다.

웹앱스토어는 다음과 같은 업무에 응용할 수 있습니다.

- 지식경영(KM)의 아이디어 창출 시스템
- 지식공동체(CoP)의 활동을 지원하는 플랫폼
- 제안시스템을 활성화하는 플랫폼
- 스마트러닝을 다양한 기기에서 지원
- 고객이 만든 UCC를 홍보에 활용

웹앱스토어에는 직원들이 손쉽게 동영상 콘텐츠를 제작할 수 있도록 콘텐츠 에디터를 제공합니다. 앱스토어에 있는 콘텐츠는 스마트폰(아이폰, 안드로이드)과 PC에서 볼 수 있고 SNS 기능을 이용하여 앱스토어를 만듭니다.

　이미 웹앱스토어(www.WebAppstore.kr)가 운영되고 있습니다.

NEXT >